线装国学经典

孟子·荀子

第三册

〔战国〕孟子 荀子 著
李楠 编译

荀子

劝学

第一

君子曰：学不可以已。青，取之于蓝，而青于蓝；冰，水为之，而寒于水。木直中绳，輮以为轮，其曲中规，虽有槁暴，不复挺者，輮使之然也。故木受绳则直，金就砺则利，君子博学而日参省乎己，则知明而行无过矣。

故不登高山，不知天之高也；不临深溪，不知地之厚也；不闻先王之遗言，不知学问之大也。干、越、夷、貉之子，生而同声，长而异俗，教使之然也。《诗》曰：『嗟尔君子，无恒安息。靖共尔位，好是正直。神之听之，介尔景福。』神莫大于化道，福莫长于无祸。

吾尝终日而思矣，不如须臾之所学也；吾尝跂而望矣，不如登高之博见也。登高而招，臂非加长也，而见者远；顺风而呼，声非加疾也，而闻者彰。假舆马者，非利足也，而致千里；假舟楫者，非能水也，而绝江河。君子生非异也，善假于物也。

南方有鸟焉，名曰蒙鸠。以羽为巢，而编之以发，系之苇苕，风至苕折，卵破子死。巢非不完也，所系者然也。西方有木焉，名曰射干，茎长四寸，生于高山之上，而临百仞之渊。木茎非能长也，所立者然也。蓬生麻中，不扶而直；白沙在涅，与之俱黑。兰槐之根是为芷，其渐之滫，君子不近，庶人不服。其质非不美也，所渐者然也。故君子居必择乡，游必就士，所以防邪僻而近中正也。

【注释】

①就：接近，接触。

②渐：浸。

【译文】

君子说：学习是不能停歇的。靛青从蓝草中提取，但比蓝草的颜色更青。冰由水凝结而成，却比水更寒冷。笔直的木材，符合墨线的要求，如果把它煨烤，就能够弯成车轮，弯曲的程度能够符合圆的标准了，这样尽管再曝晒，木材也不会再变直，原因就在于被加工过了。因此，木材经过墨线量过才可取直，刀剑经过磨砺才可变得锋利。君子广博地学习，每天多多检查自己，就会聪明智慧，行为没有过失了。

因此，不登上高山，不懂得天的高；不下临深谷，不懂得地的厚；不听闻前代圣王的遗言，不懂得学问的渊博。吴国、越国或夷族、貉族的孩童，初生时的哭声一样，长大后的习俗不同，这是后天教育使他们如此的呀。《诗经·小雅·小明》上说：『哎呀！你们君子，不要只顾安居放逸！忠于职守，认真从公，品格言行，力求端正。谨慎小心，遵循规范，你的大福，更加增添。』精神境界没有比潜移默化于圣贤道德更高的了，幸福没有比无灾无难更好的了。

我曾经整天地思虑，却不如片刻学习获得的多；我曾经踮起脚跟向远处眺望，却比不上登上高处看得广阔。攀上高处向别人招手，手臂并没有增长，远处的人却能看见；顺着风向大声呼喊，声音并没有更加响亮，但是听的人却听得非常清晰。借助车马而行的人，并不是善长行走，却能行到千里之外的地方；使用船只的人，并不是十分善于游泳，却能渡过大江大河。君子的本性和平常人并没有什么不同，只不过善于借助、利用外物来提升自己罢了。

南方有一种鸟，名为蒙鸠，它用羽毛做窝，还用毛发把窝编造起来，把窝系在芦苇的花穗上，风吹来，苇穗断掉，鸟蛋破碎，小鸟摔死。它的窝不是不完好，是窝所系的地方使它这样的。西方有一种草，名为射干，茎长四寸，长在高山之上，因而能俯瞰七百多尺的深渊。它的茎并不是能长到这么高，是它所处的位置使它这样的。蓬草生在大麻中，不去扶持它也挺拔；雪白的沙子掺杂黑土中，就会和黑土一样黑。兰槐的根就是芷，如果把它泡在尿中，君子就不再靠近它，百姓也不再佩戴它。它的本性不是不美，而是所浸泡的尿使它这样的。因此君子居住时必须挑选好的地方，外出交游时一定要接近有道德学问的贤士，这是以防自己误入邪途而靠近正道的方法。

物类之起，必有所始；荣辱之来，必象其德。肉腐出虫，鱼枯生蠹。怠慢忘身，祸灾乃作。强自取柱①，柔自取束。邪秽在身，怨之所构。施薪若一，火就燥也；平地若一，水就湿也。草木畴生，禽兽群焉，物各从其类也。是故质的张而弓矢至焉，林木茂而斧斤至焉，树成荫而众鸟息焉，醯酸而蜹聚焉。故言有召祸也，行有招辱也。君子慎其所立乎！

积土成山，风雨兴焉；积水成渊，蛟龙生焉；积善成德，而神明自得，圣心备焉。故不积跬步，无以至千里；不积小流，无以成江海。骐骥一跃，不能十步；驽马十驾，功在不舍。锲而舍之，朽木不折；锲而不舍，金石可镂。螾无爪牙之利，筋骨之强，上食埃土，下饮黄泉，用心一也；蟹八跪而二螯，非蛇、蟺之穴无可寄托者，用心躁也。是故无冥冥之志者，无昭昭之明；无惛惛之事者，无赫赫之功。行衢道②者不至，事两君者不容。目不能两视而明，耳不能两听而聪。螣蛇无足而飞，鼫鼠五技而穷。《诗》曰：『尸鸠在桑，其子七兮；淑人君子，其仪一兮；其仪一兮，心如结兮。』故君子结于一也。

昔者瓠巴鼓瑟而沉鱼出听，伯牙鼓琴而六马仰秣。故声无小而不闻，行无隐而不形。玉在山而草木润，渊生珠而崖不枯。为善不积邪，安有不闻者乎？

【注释】

①柱：通『祝』，折断。

②衢（qú）道：歧路。

【译文】

各类事物的发生，一定有它的起因；荣辱的到来，一定同他的品行一致。肉腐烂会生蛆，鱼发臭要长虫。怠慢而忘却自身，灾祸便发生。强硬的东西容易自己断掉，柔弱的东西容易自己约束。邪恶肮脏存在于自身，因此怨恨集中在他身上。铺开的柴草好像相同，火总是向干燥的烧去；平整的地面好像相同，水总是向低洼处流。草木总是按类生长，鸟兽总是成群活动，万物各自服从它们的同类。因此箭靶一张，弓箭就向它射来；林木丰茂，斧头就向它砍伐；树木成荫，群鸟就来栖身；醋一发酸，小蚊虫就飞来集中。因此说话有招祸的，行事有招辱的，君子要慎重地立身行事啊！

泥土积聚成山，风雨便会从这里产生；水流汇集成渊，蛟龙便会在这里生长。多做好事养成高尚的品行，精神的最高境界自然就会实现，圣人的心志就会具备了。因此，不半步半步地积累起来，就无法达到千里；

不把细流汇集起来，就不能形成大江大海。骏马跳一下，不会超过十步；劣马跑十天，成功在于坚持。想雕刻却又半途而废，朽木也不会折断；雕刻而不停歇，金属和石头也能够雕成花纹。蚯蚓，没有锐利的爪牙，没有强硬的筋骨，上能吃泥土，下能饮泉水，是用心专一的原因。螃蟹有八只脚、两只螯，除了蛇、鳝的洞穴之外，就没有栖息之处，这是它心浮躁的原因。所以，没有埋头专注的志向，就没有卓著的成绩；不会埋头专心地做事，就没有巨大的成功。走入歧途的人达不到目的地，侍奉两个君主的人不能被容纳，眼睛不能兼看两处而把东西看清，耳朵不能兼听两种声音而把它们都听清。螣蛇无足却能飞腾，鼠有五种技术却处境窘迫。《诗经·曹风·尸鸠》说：『布谷鸟在桑树上，喂养着它的七只幼鸟；善人君子，做事要专一；做事专一，其意志就会坚定不移。』因此，君子总是把心志归结到专一上。

学恶[1]乎始？恶乎终？曰：其数则始乎诵经，终乎读礼；其义则始乎为士，终乎为圣人。真积力久则入，学至乎没而后止也。故学数有终，若其义则不可须臾舍也。为之，人也；舍之，禽兽也。故《书》者，政事之纪也；《诗》者，中声之所止也；《礼》者，法之大分，类之纲纪也；故学至乎《礼》而止矣！夫是之谓道德之极。《礼》之敬文也，《乐》之中和也，《诗》《书》之博也，《春秋》之微也，在天地之间者毕矣。

君子之学也，入乎耳，箸乎心，布乎四体，形乎动静；端[2]而言，蠕而动，一可以为法则。小人之学也，入乎耳，出乎口。口、耳之间则四寸耳，曷足以美七尺之躯哉？

古之学者为己，今之学者为人。君子之学也，以美其身；小人之学也，以为禽犊。故不问而告谓之傲，问一而告二谓之囋。傲，非也；囋，非也；君子如向矣。

学莫便乎近其人。礼乐法而不说，诗书故而不切，春秋约而不速。方其人之习君子之说，则尊以遍矣，周于世矣。故曰学莫便乎近其人。

学之经莫速乎好其人，隆礼次之。上不能好其人，下不能隆礼，安特③将学杂识志，顺《诗》《书》而已耳，则末世穷年，不免为陋儒而已！将原先王，本仁义，则礼正其经纬、蹊径也。若挈裘领，诎五指而顿之，顺者不可胜数也。不道礼、宪，以《诗》《书》为之，譬之犹以指测河也，以戈舂黍也，以锥餐壶也，不可以得之矣。故隆礼，虽未明，法士也；不隆礼，虽察辩，散儒也。

【注释】

①恶（wū）：何处，哪里。

②端：通『喘』，微言的意思。

③特：只是。

【译文】

学问从哪里开始，到什么境界结束？我认为：按顺序应该从读经开始，至习礼的境界结束；由于为人之道，要以士人为起点，以圣人为完善。只有真正致力于学问的人才能够登堂入室。学问是直到老死才算结束呀！虽说学问的做法有顺序，理解真义却要终生锲而不舍地去琢磨。致力于学问，有可能成就一个人，不然，就可能沦落为禽兽。《尚书》，是政事的记录；《诗经》，是话语的结束；《礼记》，则能够说是法制的根本，人类的纲纪。因此说，学问是要到了理解了《礼记》的意义之后才能够说是到了深入的境界，因为《礼记》正是道德的极致之处。《礼记》讲的是恭敬，《乐经》讲的是和谐，《诗经》《尚书》可以增多见闻，《春秋》包含微言大义，天地间的一切道理都蕴含其中。

君子的学习，要把学到的听在耳朵里，牢记心里，融会贯通到整个身心，体现在一举一动上。尽管是极细小的言行，都能够作为别人效法的榜样。小人的学习，把学到的听进耳朵里，又从嘴巴里说出来。嘴巴和耳朵之间，只有四寸的距离，怎么能使自己七尺之躯的品德得到修养而完善起来呢？

古代的学者，他们学习是为了自己进德修业；现在的学者学习，是为了向人炫耀。君子的学习，是用来净化自己的身心；小人的学习，只是把学问作为家禽、小牛之类的礼物去巴结别人。因此，别人不问却告诉他，这是急躁。别人问一却答二，即是啰嗦。急躁是不正确的，啰唆也不正确。君子问一答一，好像回声一样。

学习的捷径是亲近君子。《礼》《乐》有法度而不详细；《诗》《书》古老而不贴近实际；《春秋》简单而不易理解。当人们向君子学习的时候，君子的学说就获得了广泛的尊重和传播。因此说，学习的捷径是接近君子。

学习的途径没有比尊敬良师更便捷的，其次才是重视礼法。如果上不能尊敬良师，下又不能重视礼法，仅仅去学习些杂书，解释解释《诗经》《尚书》，那么，终其一生，也只不过是个浅陋的书生而已。想要终究先王教导的根源，探求仁义的根本，那么学习礼法正是一条正确的途径。就像提着皮袍的领子，屈着五指整理皮毛一样，被理顺的毛简直不可胜数。不遵循礼法，仅凭《诗经》《尚书》办事，就好像用手指测量河水，用戈舂黍子，用锥当筷子吃饭一样，是不可能达到目的的。因此，重视礼法，尽管还不明白，仍是重视礼法之士；不重视礼法，尽管明察善辩，也只是一个散漫不羁的书生。

问楛者，勿告也；告楛者，勿问也；说楛者，勿听也；有争气者，勿与辩也。故必由其道至，然后接之；非其道则避之。故礼恭，而后可与言道之方；辞顺，而后可与言道之理；色从，而后可与言道之致。故未可与言而言谓之傲，可与言而不言谓之隐，不观气色而言谓之瞽。故君子不傲、不隐、不瞽，谨顺其身。《诗》曰：『匪交匪舒，天子所予①。』此之谓也。

百发失一，不足谓善射。千里跬步不至，不足谓善御。伦类不通，仁义不一，不足谓善学。学也者，固学一之也。一出焉，一入焉，涂巷之人也。其善者少，不善者多，桀、纣、盗跖也。全之尽之，然后学者也。君子知夫不全不粹之不足以为美也，故诵数以贯之，思索以通之，为其人以处之，除其害者以持养之，使目非是无欲见也，使耳非是无欲闻也，使口非是无欲言也，使心非是无欲虑也。及至其致好之也，目好之五色，耳好之五声，口好之五味，心利之有天下。是故权利不能倾也，群众不能移也，天下不能荡也。生乎由是，死乎由是，夫是之谓德操。德操然后能定，能定然后能应。能定能应，夫是之谓成人。天见其明，地见其光，君子贵其全也。

【注释】

①予：赞许、称赞。

【译文】

如果有人问不合礼法的粗犷恶劣之事，就不要回答；如果有人告诉你粗犷恶劣之事，不要详细追问；

如果有人谈论粗犷恶劣之事，不要去听；如果这个人态度非常蛮横，不要和他辩论。因此说，对方必须是按照道的标准来求教，这样我们才能接待他；如果他的说法或者做法不符合礼义之道，我们就要避开他。因此，求教的人只有恭敬有礼，我们才能够和他谈论道的宗旨；他的言辞和悦平顺，我们才能够和他谈论道的内容；请教的人只有流露出谦虚顺从的神情，我们才能够和他谈论道的最为精深的意蕴。因此，跟不值得与之交谈的人谈了，称为急躁；跟值得交谈的人却不交谈，称为隐瞒；不观察对方的脸色就交谈，称为盲目。因此，君子不能急躁、不能隐瞒、不能盲目，要慎重地根据交谈的对象来谈话。《诗经》说：『不急躁不怠慢，是天子赞美的好品质。』这句话所表达的就是这个意思。

射箭一百次其中有一次没有射中，就不能叫作善于射箭；驾车行走千里，只要半步不到，就不能称为善于驾车；对于天下各种事物不能融会贯通，对于仁义不能全部彻底，就不能称为善于学习。所谓学习，就是应该一心一意地维持到底。一会儿这样学，一会儿那样学，这只是街头巷尾的平常人；学习善的少，不善的多，就是桀、纣、盗跖一样的人；学习达到全部彻底，才称得上是好的学习的人。

君子明白，做学问不完备、不纯正，是不能够被称作是完美的，所以，要不断地诵读诗书，用心思考来融会贯通，把良师益友当作自己的榜样，设身处地去做，去除有害的东西，培养有益的学问。对于不是这样的事物，眼睛不去看，耳朵不去听，嘴里不去说，内心不去思考。等到非常爱好学习时，就像眼睛喜爱看五色，耳朵喜爱听五声，嘴巴喜爱吃五味，内心追求占有天下那样。因此，这样的人，权力不会压迫他，人多势众却不能改变他，天下的一切事物都不能动摇他。活着是这样，死后也是如此，这就称为有好的品德和操守了。具备了这样品德的人才能坚定不移；能够坚定不移，才能够应对自如。既能坚定不移，又能应对自如，可以称得上是完美的人了。天空显示它的光明，大地显露它的广阔，君子最重要的是人格的完美与纯正。

修身

第二

见善，修然必以自存①也；见不善，愀然必以自省也。善在身，介然必以自好也；不善在身，菑然必以自恶也。故非我而当者，吾师也；是我而当者，吾友也；谄谀我者，吾贼也。故君子隆师而亲友，以致恶其贼；好善无厌，受谏而能诫，虽欲无进，得乎哉？小人反是，致乱，而恶人之非己也；致不肖，而欲人之贤己也；心如虎狼，行如禽兽，而又恶人之贼己也；谄谀者亲，谏诤者疏，修正为笑，至忠为贼。虽欲无灭亡，得乎哉？《诗》曰：『噏噏呰呰，亦孔之哀。谋之其臧，则具是违；谋之不臧，则具是依。』此之谓也。

扁善之度②，以治气养生则后彭祖；以修身自名则配尧、禹。宜于时通，利以处穷，礼信是也。凡用血气、志意、知虑，由礼则治通，不由礼则勃乱提僈；食饮、衣服、居处、动静，由礼则和节，不由礼则触陷生疾；容貌、态度、进退、趋行，由礼则雅，不由礼则夷固僻违，庸众而野。故人无礼则不生，事无礼则不成，国家无礼则不宁。《诗》曰：『礼仪卒度，笑语卒获。』此之谓也。

以善先人者谓之教，以善和人者谓之顺；以不善先人者谓之谄，以不善和人者谓之谀。是是、非非谓之知，非是、是非谓之愚。伤良曰谗，害良曰贼。是谓是、非谓非曰直。窃货曰盗，匿行曰诈，易言曰诞，趣舍无定谓之无常，保利弃义谓之至贼。多闻曰博，少闻曰浅。多见曰闲③，少见曰陋。难进曰促，易忘曰漏。少而理曰治，多而乱曰耗。

【注释】

①存：省问。

②度：道。

③闲：博大，这里指见识广博。

【译文】

看到好的品行，必定要认真地反省自己有没有这样的好品行；看到不好的品行，必定要怀着忧虑的心情反省自己。自己若是有了好的品行，必定要坚定不移地加以珍重；自己有了错误，必定要想到会因此受害而痛恨自己。因此，批评我而又用恰当的方法的人就是我的老师；肯定我而又用恰当的方法的人就是我的朋友；对我阿谀奉迎的人，是残害我的人。因此，君子敬爱自己的老师而亲近自己的朋友，痛恨那些残害自己的人。喜爱好的品行而没有尽头，能接纳别人的建议和教训，即使自己没有想到要进步，怎么可能不进步呢？

小人却不是这么做的。已经十分混乱了，还讨厌别人责备自己；已经够不好了，却想让他人说自己是个贤者；内心和虎狼一样残暴，所作所为和禽兽一样残忍，却又不许别人指责自己。接近那些阿谀奉迎的人，疏远那些敢于直言相谏的人，嘲笑那些帮助自己改正过错的人，把对自己忠心耿耿的人作为陷害自己的人。尽管他不想走向灭亡，又怎么能够不灭亡呢？《诗经》上说：『既吹吹捧捧，又相互毁谤，这就是一种悲哀啊！为自己出谋献策的，都不去照做；对自己进行残害的，都照着做。』说的即是这个道理啊！

遵守善行的法度，用来调养血气，保养身体，就能够跻身彭祖之后；用来修身，当作自己的名号，就可与尧禹相配。既适宜顺境，又利于处在逆境当中，就是礼义与诚信。凡在血气、意志、思虑方面，遵循礼义就能明正通达，不遵守礼义就会荒谬错乱、松弛散漫；在饮食、衣服、居处、言行、举止方面，遵守礼义就能协调和谐，不遵守礼义就会随时出现危险；在容貌、态度、进退、趋行方面，遵守礼义的就会温雅，不遵守礼义就会显得傲慢、固执、邪僻不正，像乡野之人一样粗犷。因此，做人不注重礼义就不能生存；做事不注重礼义就不会有成就；国家不注重礼义，就不会安宁。《诗经·小雅·楚茨》说：『礼义超过法度，笑话终必百出。』说的即是这个意思。

用美好的言行来引导别人的称为教导，用美好的言行来附和别人的称为顺应；用不良的言行来引导别人的称为谄媚，用不良的言行来附和别人的称为阿谀。是就说是，非就说非，这称为明智；以是为非，以非为是，这称为愚蠢。中伤贤良称为诋毁，陷害贤良称为残害。对的就说对，错的就说错，这称为正直。偷窃财物称为盗窃，隐瞒自己的行为称为欺诈，轻易乱说称为荒诞，进取或退止没有个定规叫作反复无常，为了保住利益而背信弃义的称为大贼。听到的东西多叫作渊博，听到的东西少称为浅薄。见到的东西多叫作开阔，见到的东西少称为鄙陋。难以进展叫作迟缓，容易忘记称为遗漏。措施简少而有条有理称为政治清明，措施繁多而又杂乱无章称为昏乱不明。

治气、养心之术：血气刚强，则柔之以调和；知虑渐深，则一之以易良；勇毅猛戾，则辅之以道顺；

剂给便利，则节之以动止；狭隘褊小，则廓之以广大；卑湿重迟贪利，则抗之以高志；庸众驽散，则刦之以师友；怠慢僄弃，则炤之以祸灾；愚款端悫①，则合之以礼乐，通之以思索。凡治气、养心之术，莫径由礼，莫要得师，莫神一好。夫是之谓治气、养心之术也。

志意修，则骄富贵；道义重，则轻王公，内省而外物轻矣。传曰：『君子役物，小人役于物。』此之谓也。身劳而心安，为之；利少而义多，为之。事乱君而通，不如事穷君而顺焉。故良农不为水旱不耕，良贾不为折阅不市，士君子不为贫穷怠乎道。

体恭敬而心忠信，术②礼义而情爱人，横行天下，虽困四夷，人莫不贵；劳苦之事则争先，饶乐之事则能让，端悫诚信，拘守而详，横行天下，虽困四夷，人莫不任。体倨固而心执诈，术顺墨而精杂污，横行天下，虽达四方，人莫不贱；劳苦之事则偷儒转脱，饶乐之事，则佞兑而不曲，辟违而不悫，程役而不录，横行天下，虽达四方，人莫不弃。

行而供翼，非渍淖也；行而俯项，非击戾也。偶视而先俯，非恐惧也。然夫士欲独修其身，不以得罪于比俗之人也。

【注释】

①悫（què）：诚实。

②术：通『述』，遵循。

【译文】

调和性情、修养身心的办法是：血气方刚的人，用平静的方法来调理；思虑过密城府太深的人，用平易温和的方法来调理；有勇无谋的人，帮助他循规蹈矩；行为轻率的人，就用动静有法来教导他；心胸狭隘的人，就扩大他的胸怀；思想卑鄙的人，就激发他昂扬的意志；平平庸庸的人，就用良师益友来改善他；懒散放荡的人，就晓之以利害，使他警惕；单纯朴实的人，使他行为合乎礼乐，启发他深思熟虑。凡是推行了调理性情的方法，没有比遵守礼法更直接的了，没有比得到良师的指导更重要的了，没有比用心专一更奇妙的了。这就是调理性情、修身养性的方法。

志向完美就藐视富贵；以道义为重就轻视帝王公卿；内心常常反省，那么身外之物就微不足道了。古书记载：『君子奴役外物，而小人为外物所奴役。』说的就是这个道理。身体劳累而内心舒适的事，就去做；利益虽少而道义却多的事，就去做。侍奉昏聩的君主尽管通达显贵，也不如侍奉困顿的君主而顺从潮流。因此，优秀的农夫并不由于水旱灾害就放弃耕耘，优秀的商人并不由于买卖亏本就不进市场，有学问的人并不因为穷困潦倒而对道义有所松懈。

身体力行恭敬而心存忠信，遵循礼义而性情仁爱，这种人行遍天下，尽管困顿于四方边远蛮夷之地，人们也无不尊敬他。遇到劳苦的事就争先，遇到让人快乐的事就谦让，谨慎忠诚，严守法度而行为安详，这种人走遍天下，尽管困顿于四方边远蛮夷之地，人们也无不相信他。身行傲慢固执而心术恶毒狡诈，行为柔顺晦暗而性情卑劣，这种人行遍天下，尽管显达于四方，人们也无不轻视他。遇到劳苦的事就偷懒畏缩逃避，遇到使人快乐的事就得意忘形地一味获取，邪僻而不谨慎，贪图奢欲而不善良，这种人走遍天下，尽管显达四方，人们也无不厌恶他。

行走时恭敬谨慎，不是因为害怕陷入烂泥里；走路时低头，不是因为恐惧撞上东西；两人对视，先俯身行礼，并不是害怕对方。这乃是因为君子想要修养自身的德行，不想由于这个得罪于世俗之人。

夫骥一日而千里，驽马十驾则亦及之矣。将以穷无穷，逐无极与？其折骨、绝筋，终身不可以相及也；将有所止之，则千里虽远，亦或迟或速、或先或后，胡为乎其不可以相及也？不识步道者，将以穷无穷，逐无极与？意亦有所止之与？

夫『坚白』『同异』『有厚无厚』之察，非不察也，然而君子不辩，止之也；倚魁之行，非不难也，然而君子不行，止之也。故学曰：『迟彼止而待我，我行而就之，则亦或迟、或速、或先、或后，胡为乎其不可以同至也？』

故跬步而不休，跛鳖千里；累土而不辍，丘山崇成；厌①其源，开其渎，江河可竭；一进一退，一左一右，六骥不致。彼人之才性之相县也，岂若跛鳖之与六骥足哉？然而跛鳖致之，六骥不致，是无他故焉，或为之，或不为尔！

道虽迩，不行不至；事虽小，不为不成。其为人也多暇日者，其出入不远矣。

【注释】

①厌：同『压』，堵塞。

【译文】

骏马一天跑千里之远，劣马走十天也能够达到。但如果要走非常远的路程，追赶无限，那么尽管跑断了骨头，累断了脚筋，恐怕一辈子也不可能完成。因此，如果有个终点，千里的路程尽管很远，也不过是走得慢一点或快一点，有的先到有的后到，谁不能到达呢？不懂得人生道路的有限性的人，难道想要穷尽无限的世界，追逐无限的目标吗？还是也有个尽头呢？

那些对『坚白』『同异』『有厚无厚』等命题的考查，不是不深入，然而君子不去争辩，是因为知道人生的有限啊；新鲜怪异的行为，做起来不是不难，但是君子不去做，正是因为有所约束啊。因此学者们说：『我尽管晚些出发，只要他们有尽头，也就等于在停下来等我。我赶上去靠近他们，那也就不过是或迟或早，或前或后一些罢了，为何不能同样到达目的地呢？』

因此，一步一步地走个不停，尽管瘸了腿的老鳖也能走到千里之外；一筐一筐不停地积聚泥土，山丘也最终能堆成；塞住水源，疏通沟渠，长江黄河也能够流干；一会儿前进一会儿后退，一会儿向左一会儿向右，就是六匹骏马拉车也很难走到目的地。每个人的资质相互之间相隔遥远，但哪会像瘸了腿的老鳖和六匹骏马之间的差别大呢？因此，瘸了腿的老鳖可以到达目的地，六匹骏马却不能到，这没有别的原因，只是老鳖一直做下去，骏马不去做罢了！

路程再近，不走就永远不能到；事情再小，不做就永远不能成功。人们的一生有许许多多的空闲时间，肯努力的人尽管再笨，他的成就和聪明人相比，也不会差到哪里去！

好法而行，士也；笃志而体，君子也；齐①明而不竭，圣人也。人无法，则伥伥然；有法而无志其义，则渠渠然，依乎法而又深其类，然后温温然。

礼者，所以正身也；师者，所以正礼也。无礼，何以正身？无师，吾安知礼之为是也？礼然而然，则是情安礼也；师云而云，则是知若师也。情安礼，知若师，则是圣人也。故非礼，是无法也；非师，是无师也。不是师法而好自用，譬之是犹以盲辨色、以聋辨声也，舍乱妄无为也。故学也者，礼法也。夫师以身为正仪而贵自安者也。《诗》云：『不识不知，顺帝之则。』此之谓也。

端悫顺弟，则可谓善少者矣；加好学逊敏焉，则有钧无上，可以为君子者矣。偷儒惮事，无廉耻而嗜乎饮食，则可谓恶少者矣；加惕悍而不顺，险贼而不弟焉，则可谓不详少者矣，虽陷刑戮可也。

老老，而壮者归焉；不穷穷，而通者积焉；行乎冥冥而施乎无报，而贤、不肖一焉。人有此三行，虽有大过②，天其不遂乎！

君子之求利也略，其远害也早，其避辱也惧，其行道理也勇。

君子贫穷而志广，富贵而体恭，安燕③而血气不惰，功倦而容貌不枯，怒不过夺，喜不过予。君子贫穷而志广，隆仁也；富贵而体恭，杀势也；安燕而血气不惰，柬理也；劳倦而容貌不枯，好交也；怒不过夺，喜不过予，是法胜私也。《书》曰：『无有作好，遵王之道；无有作恶，遵王之路。』此言君子之能以公义胜私欲也。

【注释】

①齐：敏捷。

②过：通『祸』，祸患。

③燕：通『宴』，安逸。

【译文】

喜欢礼法而能依其行事的，是士；志向坚定而能身体力行的，是君子；思虑敏捷而不干枯的，则是圣人。人没有礼法，则无所适从；有法而不知其深义，则茫然无所遵循；依据礼法，又能深明其统类，然后才可游刃有余啊。

礼，是用以端正身心的；老师，是用以端正礼法的。没有礼，用什么来修正自己的行为？没有老师，我怎么懂得礼是这样的？礼是怎样规定的就怎样做，这即是天性安于礼；老师怎样说就怎样做，这就是智慧同老师相同。能做到情安于礼，智慧就像老师，这就是圣人。因此，违背礼，就是不以法度为法度；背离老师，就是不以老师为老师。不遵从师法的教导和规定去做，而喜爱自行其是，这就如同让瞎子辨别颜色，让聋子分别声音，除了悖乱狂妄之事，干不出别的了。因此学习的根本之处，在于礼法。至于老师，则是以其言行来给人们做榜样的，最为尊贵的是教人们安心这样去做。《诗经》上说：『不知道为何要这样做，然而它是合乎老天的自然法则的。』说的即是这个意思。

诚恳端正，敬爱长者，能够称为好青年；加上好学、谦逊、机敏，就只有与他相等的人没有能超出他的人，就能够成为君子了。偷懒懦弱怕事，没有廉耻而贪爱饮食，就能够称作恶少，再加上放纵凶顽而不顺情理，阴险害人而不敬爱兄长，就该称为很坏的年轻人了，这种人尽管遭受刑杀也是应该的。

尊敬老年人，那么正值壮年的人也会来归服；不轻视欺侮处境穷困的人，那么通达显著的人也聚集靠拢来了；暗中做好事布施给别人而不求回报，那么贤能的人和无能的人都会集中靠拢过来。人有了这三种品行，尽管犯了大的过失，老天可能也不会把他毁灭掉吧！

君子对于利益的追逐是漫不经心的，他对于祸患的发生也是很早就做好准备的，他对耻辱的避免也是十分恐惧的，他对道义的奉行也是十分勇敢的。

君子尽管贫困潦倒，但志向远大；尽管荣华富贵，但谦恭从容；尽管安逸，但精神不懈；尽管疲倦，但容颜不衰；尽管发怒，但不过分处罚别人；尽管喜悦，但不过分奖赏别人。君子贫困而志向远大，是由于他要弘传仁爱；荣华富贵而谦恭从容，是由于他要削减盛气；安逸而精神不懈，是由于他所做的事符合礼法；疲倦而不无精打采，是由于他喜欢礼仪；发怒而不过分惩罚别人，喜悦而不过分赏赐别人，是由于他奉行礼法而超过私情。《尚书·洪范》中说：『没有个人的爱好，只有遵从先王之道；没有个人的好恶，只有遵从先王之路。』这是说君子能用公理道义战胜个人的一己私欲。

不苟

第三

君子行不贵苟难，说不贵苟察，名不贵苟传，唯其当之为贵。故怀负石而赴河，是行之难为者也，而申徒狄能之，然而君子不贵者，非礼义之中也。山渊平，天地比，齐秦袭，入乎耳，出乎口，钩有须，卵有毛，是说之难持者也，而惠施邓析能之，然而君子不贵者，非礼义之中也。盗跖吟口，名声若日月，与舜禹俱传而不息，然而君子不贵者，非礼义之中也。故曰：君子行不贵苟难，说不贵苟察，名不贵苟传，唯其当之为贵。诗曰：『物其有矣，唯其时矣。』此之谓也。

君子易知而难狎①，易惧而难胁，畏患而不避义死，欲利而不为所非，交亲而不比，言辩而不辞。荡荡乎！其有以殊于世也。

君子能亦好，不能亦好；小人能亦丑，不能亦丑。君子能，则宽容易直以开道人；不能，则恭敬縛绌以畏事人。小人能，则倨傲僻违以骄溢人；不能，则妒忌怨诽以倾覆人。故曰：君子能，则人荣学焉；不能，则人乐告之。小人能，则人贱学焉；不能，则人羞告之。是君子、小人之分也。

君子宽而不僈，廉而不刿，辩而不争，察而不激，寡立而不胜，坚强而不暴，柔从②而不流，恭敬谨慎而容，夫是之谓至文。《诗》曰：『温温恭人，惟德之基。』此之谓矣。

【注释】

①狎（xiá）：不合乎礼义的亲近。

②柔从：服从。

【译文】

君子的行为，不以不合礼义的难能为珍贵；君子的学说，不以不合礼义的明察为珍贵；君子的名声，不以不合礼义的传颂为珍贵。只以他的行为、学说、名声合于礼义为珍贵。因此，怀抱石头而投河自尽，是难以做到的行为，而殷朝的申徒狄可以做到；但是，君子并不认为珍贵，这是因为它不符合礼义。高山和深渊高低一样，上天和大地高低一样，齐秦两国合并，从耳朵进去从嘴里出来，女性有胡须，蛋有羽毛，都是很难坚持的学说，但是宋国的惠施、郑国的邓析却能这样论说；然而君子并不认为可贵，这是因为它不符合礼义。盗跖的名字传播人口，名声很大，就像日月一样无人不知，就像大圣人虞舜、夏禹一样都流传不息；然而君子并不认为可贵，这是因为它不符合礼义。因此说，君子的行为，不以不合礼义的难能为珍贵；君子的学说，不以不合礼义的明察为珍贵；君子的名声，不以不合礼义的传颂为珍贵。只以他的行为、学说、名声合于礼义为珍贵。《诗经·小雅·鱼丽》中说：『多么丰盛的佳肴，都是时鲜适时的啊！』说的即是这个道理。

君子容易亲近，却很难与之狎戏；君子容易恐惧，却很难胁迫；君子害怕遭到祸患，却不避开为正义而献身；君子希望得到利益，却不做不应该做的事；君子与人亲近，却不与人营私舞弊；君子善于辞令，却不追逐华丽的辞藻。君子的胸怀是多么宽大啊！他与世人完全不同。

君子有才智也是美的，没有才智也是美的；小人有才能是丑的，没有才能也是丑的。君子如果有才智，就会宽宏大量、平易近人、正直无私，并且用这些品质来启迪开导别人；如果没有才智，就恭恭敬敬、谦虚谨慎，并以敬佩的心态对待别人。小人假如有才能，就会骄傲自大，邪僻不正，并且以骄傲的态度凌驾于别人之上；如果没有才能，就会靠妒忌、怨恨、诽谤来弄垮别人，因此说：君子如果有才能，别人就会把向他学习视为一件光荣的事情；假如没有才能，别人也会高兴告诉他一些知识和道理。小人如果有才能，别人就会把向他学习视为一件卑贱的事情；如果没有才能，别人就会把告诉他知识视为一件羞耻的事情。这就是君子和小人的差别。

君子宽容而不散漫，端严正直而不伤人，能言善辩而不强词夺理，明察而不偏激，正直而不盛气凌人，坚强而不残暴，遵从而不随波逐流，恭敬谨慎而能宽容，这就称为德行完备。《诗经·大雅·抑》说：『温顺柔和恭敬的人，这是道德的根基。』说的即是这种人。

君子崇人之德，扬人之美，非谄谀也；正义直指，举人之过，非毁疵也；言己之光美，拟于舜、禹，参于天地，非夸诞也；与时屈伸，柔从若蒲苇，非慑怯也；刚强猛毅，靡所不信，非骄暴也。以义变应，知当曲直故也。《诗》曰：『左之左之，君子宜之；右之右之，君子有之。』此言君子以义屈信①变应故也。

君子，小人之反也。君子大心则天而道，小心则畏义而节；知则明通而类，愚则端悫而法；见由则恭而止，见闭则敬而齐；喜则和而理，忧则静而理；通则文而明，穷则约而详。小人则不然，大心则慢而暴，小心则淫而倾；知则攫盗而渐，愚则毒贼而乱；见由则兑而倨，见闭则怨而险；喜则轻而翾，忧则挫而慑；通则骄而偏，穷则弃而儑。传曰：『君子两进，小人两废。』此之谓也。

君子治治，非治乱也。曷谓邪？曰：礼义之谓治，非礼义之谓乱也。故君子者，治礼义者也，非治非礼义者也。然则国乱将弗治与？曰：国乱而治之者，非案乱而治之之谓也，去乱而被之以治。人污而修之者，非案污而修之之谓也，去污而易之以修。故去乱而非治乱也，去污而非修污也。治之为名，犹曰君子为治而不为乱，为修而不为污也。

君子洁其身而同焉者合矣，善其言而类焉者应矣。故马鸣而马应之，牛鸣而牛应之，非知也，其势然也。故新浴者振其衣，新沐者弹其冠，人之情也。其谁能以己之潐潐受人之掝掝者哉？

【注释】

①信：通『伸』，伸展。

【译文】

君子尊崇别人的道德，弘扬他人的美德，这不是谄媚。匡正正义，勇于指出他人的过失，这不是毁谤。说起自己的道德高尚，能够和舜、禹相比，和天地相并列，这不是过分夸大。在时事不利的时候能屈能伸，柔顺得如同芦苇蒲草一样，这不是胆小懦弱。刚强猛毅，勇往直前，任何时候都不屈服，这不是骄傲狂妄。这些都是君子用义来改变适应事情，知道是非曲直的原因。《诗经》上说：『该在左就在左，君子在左无不可；该在右就在右，君子在右也常有。』这即是说君子用义来融会贯通权变的原因。

君子是小人的对立面。君子如果志向宏大高远，就会敬奉上天而遵从自然界的规律；如果志向不远大，就会敬畏礼义而对自己有所限制；如果聪明，就会精明通达而触类旁通；如果愚蠢，就会忠厚诚笃而遵从法度；如果被重用，就会恭敬而守礼节；如果不被重用，就会端庄而严肃；如果高兴了，就会平和地去处置事情；如果忧愁了，就会冷静地处置事情；如果明达了，就会变得文雅而高明；如果窘迫了，就会进行自我约束而且明察事理。小人就不是如此，如果志向宏大高远了，就会变得高傲而粗鲁；如果胸无大志的话，就会变得奸恶而诬陷别人；如果聪明的话，就会为了巧取豪夺而费尽心机；如果愚蠢的话，就会变得凶狠残忍而胡作非为；如果被重用，就会变得高兴以至于狂妄；如果不被重用，就会心生怨恨而变得阴险毒辣；如果高兴了，就会变得轻浮而急躁；如果忧愁了，就会垂头丧气而心生畏惧；如果显达了，就会变得骄横而偏邪；如果身处窘境，就会自暴自弃从而变得畏缩卑劣。古书上说：『君子在「大心」和「小心」这两种情况下都可进步，小人在这两种情形下都会堕落。』说的即是这个道理。

君子管理有秩序的国家，而不管理混乱的国家。这是什么意思呢？这是说：遵从礼义称之为『治』，背离礼义称之为『乱』。因此，君子治理遵从礼义的国家，而不治理背离礼义的国家。既然这样，那国家混乱就不治理吗？答复是：国家混乱而去治理它，并不是在混乱的基础上去治理，而是禁止混乱，使它有秩序。如同人的思想肮脏而去治理一样，并不是在思想肮脏的基础上去治理，而是去掉肮脏，使思想美好。因此禁止混乱并不等于治理混乱，去掉肮脏并不等于治理肮脏。治理这个名词，相当于君子管理有秩序的国家而不管理混乱的国家，只做美好的事而不做肮脏的事。

君子如果自身廉正的话，与他志同道合的人就与他相附和；君子自己的学说如果完善的话，与他观点相同的人就会应和了。因此，马一鸣叫就有别的马附和它，牛一鸣叫就有别的牛来附和它，之所以出现这种情况，并不是由于牛马聪明，而是自然情形就是如此。因此，刚洗过澡的人总要在穿衣服前抖一下自己的衣服，刚洗过头的人总是在戴帽子之前弹一下自己的帽子，这是人之常情啊。谁愿意让自己干净的面容受到别人的玷污呢？

君子养心莫善于诚，致诚则无它事矣，唯仁之为守，唯义之为行。诚心守仁则形，形则神，神则能化矣；诚心行义则理，理则明，明则能变矣。变化代兴，谓之天德。天不言而人推高焉，地不言而人推厚焉，四时不言而百姓期焉。夫此有常，以至其诚者也。君子至德，嘿然而喻，未施而亲，不怒而威。夫此顺命，以慎其独者也。善之为道者，不诚则不独，不独则不形，不形则虽作于心，见于色，出于言，民犹若未从也，虽从必疑。天地为大矣，不诚则不能化万物。圣人为知矣，不诚则不能化万民。父子为亲矣，不诚则疏。君上为尊矣，不诚则卑。夫诚者，君子之所守也，而政事之本也。唯所居以其类至，操之则得之，舍之则失之。操而得之则轻，轻则独行，独行而不舍则济矣。济而材尽，长迁而不反其初，则化矣。

君子位尊而志恭，心小而道大；所听视者近，而所闻见者远。是何邪？则操术然也。故千人万人之情，一人之情是也；天地始者，今日是也；百王之道，后王是也。君子审后王之道，而论①于百王之前，若端拜而议。推礼义之统，分是非之分，总天下之要，治海内之众，若使一人。故操弥约而事弥大；五寸之矩，尽天下之方也。故君子不下堂，而海内之情举积此者，则操术然也。

【注释】

①论：通『伦』，比较的意思。

【译文】

君子保养身心，没有比真诚更佳的了，做到了真诚不欺，那就没有其他的事情了，只要维持仁德，只要奉行道义就行了。真心实意地维持仁德，仁德就会在行为上体现出来，仁德在行为上体现出来，就显得神明，显得神明，就能感动别人了；真心实意地推行道义，就会变得理智，理智了，就能明察事理，明察事理，就能改变别人了。改造感化交替起作用，这称为天德。上天不说话而人们都崇尚它高远，大地不说话而人们都崇尚它深厚，四季不说话而百姓都懂得春、夏、秋、冬变换的时期。这些都是有了常规因而实现真诚的。君子有了极高的德行，虽沉默寡言，人们也都明白；没有布施，人们却亲近他；不用发火，就很威严。这是遵从了天道因而能在独自一人时也慎重小心的人。君子改造感动人之道是这样的：如果不诚恳，就不能慎独；不能慎独，道义就不能在日常行动中体现出来；道义不能在日常行动中体现出来，那么尽管发自内心，体现在脸色上，发表在言论中，人们还是不会顺从他；尽管顺从他，也一定迟疑不决。天地要算大的了，不真诚就不能孕育万物；圣人要算明智的了，不真诚就不能感动万民；父子之间要算亲近的了，不真诚就会疏远；君主要算高贵的了，不真诚就会受到轻视。真诚，是君子的操守，政治的根本。只要立足于真诚，同类就会聚集来了；维持真诚，会获得同类；失去真诚，会失去同类。保持真诚而得到了同类，那么感化他们就容易了；感化他们容易了，那么慎独的风气就能流行了；慎独的风气流行了再紧抓不放，那么人们的真诚就形成了。人们的真诚形成了，他们的才智就会完全发挥出来，永远地使人们趋向于真诚而不恢复到他们邪恶的本质上，那么他们就全部被感化了。

君子地位高贵而心志谦恭，心思细密而本事强大，他所听到的看到的是很近的，但所听到的所见到的又是很远的。这是为何呢？是他所掌控的方法使他如此。千人万人的情况，就是一个人的情况；天地开始的情况，就是今天的情况；历代君王治国的方法，就是现在君王治国的办法。君子审察现在君王的办法，并将它与历代君王的方法相比较，就能够像端坐拱手一样从容地谈论了。推究礼义的纲纪，辨别是非的界限，总揽天下的要领，管理天下的百姓，就像指使一个人一样。因此，所掌握的方法愈简约，所治理的事就愈多。五寸的矩，能够穷尽天下的方形。因此君子不必走出内室而天下的事情却全部集中在他那里，是他所掌握的方法使他可以这样。

有通士者，有公士者，有直士者，有悫士者，有小人者。上则能尊君，下则能爱民，物至而应，事起而辨①，若是，则可谓通士矣。不下比以暗上，不上同以疾下，分争于中，不以私害之，若是，则可谓公士矣。身之所长，上虽不知，不以悖君；身之所短，上虽不知，不以取赏；长短不饰，以情自竭，若是，则可谓直士矣。庸言必信之，庸行必慎之，畏法流俗而不敢以其所独甚，若是，则可谓悫士矣。言无常信，行无常贞，唯利所在，无所不倾，若是，则可谓小人矣。

公生明，偏生暗，端悫生通，诈伪生塞，诚信生神，夸诞生惑。此六生者，君子慎之，而禹、桀所以分也。

欲恶取舍之权：见其可欲也，则必前后虑其可恶也者；见其可利也，则必前后虑其可害也者；而兼权之，孰计之，然后定其欲恶取舍。如是，则常不失陷矣。凡人之患，偏伤之也。见其可欲也，则不虑其可恶也者；见其可利也，则不虑其可害也者。是以动则必陷，为则必辱，是偏伤之患也。

人之所恶者，吾亦恶之，夫富贵者则类傲②之，夫贫贱者则求柔之，是非仁人之情也。是奸人将以盗名于晻世者也，险莫大焉。故曰：盗名不如盗货。田仲、史鰌不如盗也。

【注释】

①辨：通『办』，治理。

②类傲：统统加以傲视。

【译文】

有通晓事理的人，有公正无私的人，有耿直爽快的人，有拘谨诚实的人，还有小人。上能敬重君主，下能爱抚民众，事情来了能对付，事件发生了能够处置，像这样的就能够称为通达事理的人了。不在下面互相勾结去玩弄君主，不向上迎合君主去迫害臣民，有了分歧争执，不因为个人的利益去陷害他人，像这样的就能够称为公正无私的人了。本身的优点，君主尽管不知道，也不将它欺瞒君主；本身的短处，君主尽管不知道，也不靠它骗取奖赏；长处短处都不加遮掩，将真实的情况积极地说出来，像这样的就能够称为耿直爽快的人了。说一句平常的话也必定诚实可信，做一件平常的事也必定小心谨慎，不敢独行而仿效流行的习俗，也不敢做自己特别喜欢的事，像这样的就能够称为拘谨老实的人了。说话常常不能让人信服，行为常常不忠贞，唯利是图，没有他不去倾轧的人，像这样就能够称为小人了。

公正产生明智，偏心产生愚昧；端正谨慎产生通达，欺诈虚伪产生壅塞；诚实信任产生神明，大话自夸导致糊涂。这六种相生，君子要慎重对待，这也是禹和桀之所以不一样的地方。

衡量是追求还是厌恶，是摄取还是舍弃的标准是：看到能够追求的东西，要前前后后考虑一下它可能带来的厌恶的后果；看到能够得利的事情，要前前后后考虑一下它可能导致的危害；两方面比较衡量一下，仔细地考虑一下，然后决定是追逐还是厌恶、是摄取还是舍弃。这样，就常常不会陷入被动的局面了。凡是人们的祸患，往往是由于认识的片面性而伤害了自己：一看见能够追求的东西，就不考虑它可能带来的厌恶的一面；一遇到能够得利的事情，就不去反省一下它可能导致的危害。所以，行动起来常常失足，一旦做了肯定受辱，这就是由于人们认识的片面性而导致的祸患啊。

别人所厌恶的，我也厌恶它。对那富贵的人全部加以傲视，对那贫贱的人全部给予安抚，这种行为并不是仁人的感情，这是奸邪的人在黑暗的社会里用来获取名誉的办法，没有比这再阴险的了。古书上说：『欺世盗名的人还比不上偷窃财物的贼。』田仲、史鳅还不如贼。

荣辱

第四

憍泄者，人之殃也；恭俭者，偋五兵也，虽有戈矛之刺，不如恭俭之利也。故与人善言，暖于布帛；伤人之言，深于矛戟。故薄薄之地，不得履之，非地不安也，危足无所履者，凡在言也。巨涂则让，小涂则殆，虽欲不谨，若云不使。

快快而亡者，怒也；察察而残者，忮①也；博而穷者，訾也；清之而俞浊者，口也；豢之而俞瘠者，交也；辩而不说者，争也；直立而不见知者，胜也；廉而不见贵者，刿也；勇而不见惮者，贪也；信而不见敬者，好专行也。此小人之所务而君子之所不为也。

斗者，忘其身者也，忘其亲者也，忘其君者也。行其少顷之怒，而丧终身之躯，然且为之，是忘其身也；室家立残，亲戚不免乎刑戮，然且为之，是忘其亲也；君上之所恶也，刑法之所大禁也，然且为之，是忘其君也。忧忘其身，内忘其亲，上忘其君，是刑法之所不舍也，圣王之所不畜也。乳彘不触虎，乳狗不远游，不忘其亲也。人也，忧忘其身，内忘其亲，上忘其君，则是人也，而曾狗彘之不若也。

凡斗者，必自以为是而以人为非也。己诚是也，人诚非也，则是己君子而人小人也。以君子与小人相贼害也，忧以忘其身，内以忘其亲，上以忘其君，岂不过甚矣哉？是人也，所谓以狐父之戈钃牛矢也。将以为智邪，则愚莫大焉；将以为利邪，则害莫大焉；将以为荣邪，则辱莫大焉；将以为安邪，则危莫大焉。人之有斗，何哉？我欲属之狂惑疾病邪，则不可，圣王又诛之。我欲属之鸟鼠禽兽邪，则不可，其形体又人，而好恶多同。人之有斗，何哉？我甚丑[2]之。

【注释】

①忮（zhì）：嫉恨。

②丑：憎恶，厌恶。

【译文】

高傲轻慢，这是人的祸患；恭敬谦逊，能够摒除杀身之祸，尽管有戈矛的尖刺，还不如用恭敬谦逊来感动人对自己更为有利。因此和别人说话恭敬，比给他穿件衣服还温和；用恶语伤人，就比矛戟刺得还深。因此磅礴宽广的大地，却不能踩在它上面，并不是因为地面不平稳，踮着脚没有地方能够立足的原因，而在于说话伤了人。大路很拥堵，小路又危险，尽管想不谨慎也不可能。

肆意妄为而死亡，这是由一时的愤怒造成的；明察一切反而受到残害，这是由忌恨造成的；知识渊博而处境窘困，这是由喜好毁谤别人造成的；想要使自己的名声清白反而愈来愈糟糕，这是由话太多造成的；供养招待别人而交情却越来越淡薄，这是由待人接物不当造成的；能言善辩而不受别人的欢迎，这是由喜欢争执造成的；待人处事正直无私而不被人理解，这是由气势太盛造成的；端庄廉洁而不被人尊敬，这是由说话尖刻伤人造成的；勇猛无比而不受人敬畏，这是由贪婪造成的；诚信而不被人尊重，这是由喜欢独断专行造成的。这些行为都是小人所做的，是君子所不做的。

斗殴的人，是忘却了自己身躯的人，是忘却了自己双亲的人，是忘却了自己君主的人。发泄自己一时的愤怒，却丧失了一生的身躯，但是他还是要去斗殴，这就是忘却了自己的身躯；家室马上遭到杀害，亲戚也不免受刑被杀，但是他还是要去斗殴，这就是忘却了自己的双亲；斗殴是君主所讨厌的，是刑法所严格禁止的，但是他还是要去斗殴，这就是忘却了自己的君主。对己忘却了自身，对内忘记了亲人，对上忘记了君主，这种人是刑法都不能赦免的，是圣明帝王都不能容忍的。正在哺乳的母猪不去触动老虎，正在喂奶的母狗不到远处游荡，这是因为它们没有忘却自己的亲生骨肉。但作为一个人，对己忘却了自身，对内忘却了亲人，对上忘却了君主，那么这种人，岂不是连猪狗都比不上吗！

凡是斗杀的人，一定认为自己正确而认为别人是错误的。自己的确是正确的，别人的确是错误的，那么自己就是君子，别人就是小人。却又以君子的身份去与小人相互残杀，在下忘却了自己的生命，中间忘却了亲人，对上忘却了君主，岂不大错特错了吗？这种人，可以说是在用狐父产的戈去砍牛粪。能以为这是聪明的吗？其实没有比这更愚笨的了。能认为这是有利的吗？其实没有比这更有害的了。能认为这是光荣的吗？其实没有比这更耻辱的了。能以为这是安全的吗？其实没有比这更危险的了。人之所以有残杀，是为何呢？我想把他们归为精神病人吧，不行，因为贤明的君主又惩治了他们。我想把他们归于鸟鼠禽兽之类的动物吧，不行，由于他们的形体又是人。而且他们的好恶也与人一样。人有斗杀，到底是为什么？我非常厌恶这样的人。

有狗彘之勇者，有贾盗之勇者，有小人之勇者，有士君子之勇者。争饮食，无廉耻，不知是非，不辟死伤，不畏众强，恈恈然唯利饮食之见，是狗彘之勇也。为事利，争货财，无辞让，果敢而振，猛贪而戾，恈恈然唯利之见，是贾盗之勇也。轻死而暴，是小人之勇也。义之所在，不倾于权，不顾其利，举国而与之不为改视，重死持义而不桡，是士君子之勇也。

鯈𩵦者，浮阳之鱼也；胠①于沙而思水，则无逮矣。挂于患而欲谨，则无益矣。自知者不怨人，知命者不怨天；怨人者穷，怨天者无志。失之己，反之人，岂不迂乎哉？

荣辱之大分，安危利害之常体：先义而后利者荣，先利而后义者辱；荣者常通，辱者常穷；通者常制人，穷者常制于人，是荣辱之大分也。材悫者常安利，荡悍者常危害；安利者常乐易，危害者常忧险；乐易者常寿长，忧险者常夭折，是安危利害之常体也。

夫天生蒸②民，有所以取之。志意致修，德行致厚，智虑致明，是天子之所以取天下也。政令法，举措时，听断公，上则能顺天子之命，下则能保百姓，是诸侯之所以取国家也。志行修，临官治，上则能顺上，下则能保其职，是士大夫之所以取田邑也。循法则、度量、刑辟、图籍，不知其义，谨守其数，慎不敢损益也，父子相传，以持王公，是故三代虽亡，治法犹存，是官人百吏之所以取禄秩也。孝弟愿③悫，軥录疾力，以敦比其事业，而不敢怠傲，是庶人之所以取暖衣饱食、长生久视以免于刑戮也。饰邪说，文奸言，为倚事，陶诞突盗，惕悍侨暴，以偷生反侧于乱世之间，是奸人之所以取危辱死刑也。其虑之不深，其择之不谨，其定取舍楛僈，是其所以危也。

【注释】

①胠（qū）：阻隔遮拦。

②蒸：众多的样子。

③愿：诚实。

【译文】

有狗、猪的勇猛，有商人、盗贼的勇敢，有小人的勇猛，有士君子的勇敢。争喝抢吃，没有羞耻，不懂是非，不顾死伤，不怕众人的强盛，贪婪得只看到吃喝，这是狗、猪的勇敢。办事为了利益，掠夺财物，没有退让，行动果断大胆而恶毒，凶猛、贪婪而残暴，只看得见钱财利益，这是商人、盗贼的勇猛。不在乎死亡而行为急躁，是小人的勇敢。符合道义的地方，就不屈服于权势，不管自己的利益，尽管整个国家都反对，他也不改变观点，虽然重视生命，但坚持正义而不折不挠，这是士君子的勇猛。

白鲦，是喜爱浮在水面上晒太阳的鱼儿；但搁浅在沙滩上再想获得水，就来不及了。困在灾难之中再想小心谨慎，就毫无裨益了。有自知之明的人不怨恨别人，懂得命运的人不怨恨老天；怨恨别人的人就会走投无路，怨恨老天的人是没有见识。错误在自己身上，反而去责怪别人，岂不是绕远了吗？

光荣和耻辱的主要区别、安危利害的平常情况是：先顾及道义而后顾及利益的就会得到光荣，先顾及利益而后顾及道义的就会受到耻辱；光荣的人往往通达，耻辱的人往往穷困；通达的人往往统治人，穷困的人往往被人统治。这就是光荣和耻辱的主要区别。有才能而又慎重的人往往安全得利，放荡凶悍的人往往危险受害；安全得利的人往往快乐舒坦，危险受害的人往往忧愁而有危机感；快乐舒坦的人往往长寿，忧愁而有危机感的人往往夭折。这就是安危利害的平常情况。

天生众多的人，各有获得自己地位的道理。意志思想最为美好，德行最为仁厚，智慧思虑最为圣明，这是天子之所以获得天下的道理。政令合乎法制，措施适时，处理政事公道，对上能服从天子的命令，对下能保护百姓，这是诸侯之所以得到国家的道理。意志行为美好，当官能把事情办好，对上能服从上级的意见，在下能谨守自己的职责，这是士大夫之所以得到封地的道理。遵守法律制度，对于度量、刑法、地图册、人口册等，尽管不懂得它们的意义，却能慎重地守住这些条文，不敢加以更改，父子世代相传，服侍王公。因此夏商周三代虽然灭亡，但治理国家的法则还在，这是官吏们之所以得到俸禄与职位的道理。孝敬父母，尊敬兄长，忠厚诚实，辛勤地致力于事业，不敢松懈傲慢，这是普通百姓之所以获得丰衣足食，长寿并免于刑罚的道理。掩饰异端邪说，掩饰奸言巧语，做怪异奇特的事，欺诈、荒诞、欺凌、掠夺、放荡傲慢而又残暴，苟且偷生，在乱世中为所欲为，这是奸邪之人受到危险侮辱死刑的道理。这种人思考问题不深远，选择道路不慎重，决定取舍轻率放纵，这是他们遇到危险的原因。

材性知能，君子小人一也。好荣恶辱，好利恶害，是君子小人之所同也。若其所以求之之道则异矣。小人也者，疾为诞而欲人之信己也，疾为诈而欲人之亲己也，禽兽之行而欲人之善己也。虑之难知也，行之难安也，持之难立也，成则必不得其所好，必遇其所恶焉。故君子者，信矣，而亦欲人之信己也；忠矣，而亦欲人之亲己也；修正治辨矣，而亦欲人之善己也。虑之易知也，行之易安也，持之易立也，成则必得其所好，必不遇其所恶焉。是故穷则不隐，通则大明，身死而名弥白。小人莫不延颈举踵而愿曰：『知虑材性，固有以贤①人矣！』夫不知其与己无以异也，则君子注错之当，而小人注错之过也。故孰察小人之知能，足以知其有余可以为君子之所为也。辟之越人安越，楚人安楚，君子安雅；是非知能材性然也，是注错习俗之节异也。仁义德行，常安之术也，然而未必不危也；污僈突盗，常危之术也，然而未必不安也。故君子道其常，而小人道其怪。

凡人有所一同：饥而欲食，寒而欲暖，劳而欲息，好利而恶害，是人之所生而有也，是无待而然者也，是禹、桀之所同也；目辨白黑美恶，耳辨音声清浊，口辨酸咸甘苦，鼻辨芬芳腥臊，骨体肤理②辨寒暑疾养，是又人之所常生而有也，是无待而然者也，是禹、桀之所同也。可以为尧、禹，可以为桀、跖，可以为工匠，可以为农贾，在势注错习俗之所积耳。是又人之所生而有也，是无待而然者也，是禹、桀之所同也。为尧、禹则常安荣，为桀、跖则常危辱；为尧、禹则常愉佚，为工匠、农贾则常烦劳。然而人力为此而寡为彼，何也？曰：陋也。尧、禹者，非生而具者也，夫起于变故，成乎修，修之为，待尽而后备者也。

【注释】

①贤：胜过。

②理：这里指皮肤上的纹理。

【译文】

资质、本性、智慧、才能，君子和小人这四个方面是相同的。喜爱光荣而厌恶耻辱，爱好利益而厌恶祸害，这是君子和小人所一样的，至于他们用以求取光荣、利益的途径就不同了。

小人做事荒谬却还要别人信任自己，尽力欺诈却还要别人接近自己，所作所为如禽兽一般却还要别人赞扬自己。他们心怀叵测，做起事来虚伪，自己坚持的一套很难站住脚，结果就必定不能得到光荣和利益，而一定会遭受耻辱和祸害。

至于君子，以诚待人，也希望别人信任自己；对别人忠诚，也希望别人接近自己；善良正直而处置事务合宜，也希望别人因此夸奖自己。他们品行正直，办事稳当，坚持的主张容易获得别人的认可，结果就必定能得到光荣和利益，必定不会遭受耻辱和祸害。

因此他们穷困时名声也不会被埋没，而通达时名声就会非常显赫，死了以后名声会传播得更远。小人无不伸长了脖子踮起了脚跟而艳羡地说：『这些人的智慧、思想、资质、本性，一定有超过别人的地方啊！』其实，他们不懂得君子的资质才能与自己并没有什么不同，只是君子将它用得适当，而小人将它用错了。因此仔细地考察一下小人的智慧、才能，就可以知道他们是绰绰有余地能够做君子所做的一切的。这如同越国人习惯于越国，楚国人习惯于楚国，君子习惯于华夏，这并不是智慧、才智、资质、本性导致的，而是因为对其资质才能的使用以及习俗节制的否同所导致的。

仁义和道德，这是能获得永久安全的办法，但是不一定就不发生意外；污浊卑鄙、强取豪夺，这是会遭到危险的办法，但是不一定就不能得到安全。君子遵守正常的途径，而小人遵守怪僻的途径。

凡是人都有相同的地方：饿了就想吃东西，冷了就想温暖些，累了就想要休息，喜欢得利而讨厌受害，这是人生来就有的本性，它是无须凭借什么途径就会这样的，它是禹、桀所相同的；眼睛能分辨白黑美丑，耳朵能分辨音声清浊，口舌能分辨酸咸甜苦，鼻子能分辨芳香腥臭，身体皮肤能分辨冷热痛痒，这又是人生下来就有的资质，它是不需依靠什么途径就会这样的，它是禹、桀所相同的。人们能够凭借这些本性和资质去做尧、禹那样的贤君，能够凭借它去做桀、跖那样的坏人，能够凭借它去做工匠，能够凭借它去做农夫、商人，这都在于各人对它的处置以及习俗的积累罢了。做尧、禹那样的人，往往安全而光荣，做桀、跖那样的人，往往危险而耻辱；做尧、禹那样的人往往愉悦而安逸，做工匠、农夫、商人往往麻烦而劳累。

然而人们尽力做这种危辱烦劳的事而很少去做那种光荣悦逸的事，是什么原因呢？这是因为浅陋无知。尧、禹这种人，并不是生下来就具足了当圣贤的条件，而是从改变他们原来的本性开始，因为整治身心才成功的，而整治身心的所作所为，是等到原来的恶劣本性都除去了而后才具足的啊。

人之生固小人，无师、无法，则唯利之见耳。人之生固小人，又以遇乱世、得乱俗，是以小重小也，以乱得乱也。君子非得势以临之，则无由得开内焉。今是人之口腹，安知礼义？安知辞让？安知廉耻、隅积？亦呥呥而噍，乡乡而饱已矣。人无师、无法，则其心正其口腹也。今使人生而未尝睹刍豢稻粱也，惟菽藿糟糠之为睹，则以至足为在此也。俄而粲然有秉刍豢稻粱而至者，则瞲然视之曰：『此何怪也！』彼臭之而嗛于鼻，尝之而甘于口，食之而安于体，则莫不弃此而取彼矣。

今以夫先王之道，仁义之统，以相群居，以相持养，以相藩饰，以相安固耶？以夫桀、跖之道，是其为相县也，几直夫刍豢稻粱之县糟糠尔哉！然而人力为此而寡为彼，何也？曰：陋也。陋也者，天下之公患也，人之大殃大害也。故曰：仁者好告示人。告之示之，靡之儇之，鈆①之重之，则夫塞者俄且通也，陋者俄且僩也，愚者俄且知也。是若不行，则汤、武在上曷益？桀、纣在上曷损？汤、武存，则天下从而治；桀、纣存，则天下从而乱。如是者，岂非人之情固可与如此，可与如彼也哉？

【注释】

①鈆（yán）：遵循。

【译文】

人生下来的时候从本性上说都是小人，如果没有老师的教导，没有法度的制约，就只会看到财利罢了。人生下来的时候原本就是小人，又因为碰到了混乱的世道、获得了昏乱的习俗，这样就使渺小卑鄙的本性更加渺小卑鄙，使昏乱的资质更加昏乱。如果君子不能得到统治他们的权势，就没有办法打开他们的心智来给他们传输好的思想。现在这些人的心中，哪里懂得什么礼节道义？哪里懂得什么推辞谦让？哪里懂得什么廉洁和羞耻、局部和整体的关系？也只是懂得慢吞吞地咀嚼食物、香喷喷地吃个饱饭罢了。人如果没有老师教诲、没有法度约束，那么他们的灵魂也就完全和他们的嘴巴肠胃一样，只懂得吃喝。如果人生下来后从来没有看到过肉食和稻米谷子之类的细粮，只看过豆叶之类的蔬菜和糟糠之类的粗食，那么他们就会认为最让人满意的食物就是这些东西了；但是，如果过了不长时间之后，有个人很明显地拿着肉食和细粮来到这个人面前，那么，他就会瞪着眼睛惊讶地看着这些美食问道：『这是什么怪异的东西呀？』他凑上去闻闻它，没闻到什么不好的味道；张开嘴巴尝尝它，感觉嘴里甜甜的；把它吃了之后，身体感到非常舒服；于是就没有谁不舍弃这些豆叶糟糠之类的粗粮而去索取肉食细粮了。

现在，我们是用那古代帝王的治国方法和仁义的纲领来协助人们调整群体，协助人们保养身体，协助人们得到服饰，协助人们安居乐业呢，还是用那桀、跖的治国方法？这两种办法相差很大，难道只是那肉食细粮和糟糠粗粮之间的差别吗？但是，人们尽力施行搞桀、跖的这一套道理而很少去推行古代帝王的那一套道理，是什么原因呢？回答道：这是因为人们的浅陋无知。浅陋无知确实是天下人的通病，是人们的大灾大难啊。因此，我们说：注重仁义的人喜欢把道理告知别人，做给别人看。把道理告知他们，做榜样给他们看，使他们服从，使他们变得明智，使他们遵守仁义道德，反复地引导他们，那么，那些愚蠢闭塞的人很快就会开窍，浅陋无知的人的眼界很快就会变得开阔，愚笨的人很快就会变得聪明了。这些事情假如不做，那么商汤、武王这样的贤君处在上位又有什么利益呢？夏桀、商纣这样的暴君在上位又有什么坏处呢？商汤、周武王在的话，天下就会跟随安定下来；夏桀、商纣在的话，天下便跟随混乱起来。出现如此混乱的情况，难道不是因为人们的性情原本就可以像这样、也能够像那样吗？

人之情，食欲有刍豢，衣欲有文绣，行欲有舆马，又欲夫余财畜积之富也，然而穷年累世不知不足，是人之情也。

今人之生也，方知蓄鸡狗猪彘，又蓄牛羊，然而食不敢有酒肉；余刀布，有囷窌，然而衣不敢有丝帛；约者有筐箧之藏，然而行不敢有舆马。是何也？非不欲也，几不长虑顾后而恐无以继之故也。于是又节用御欲，收敛蓄藏以继之也。是于己长虑顾后，几不甚善矣哉！

今夫偷生浅知之属，曾此而不知也。粮食大侈，不顾其后，俄则屈安[①]穷矣。是其所以不免于冻饿，操瓢囊，为沟壑中瘠者也。况夫先王之道，仁义之统，《诗》《书》《礼》《乐》之分乎，彼固天下之大虑也，将为天下生民之属长虑顾后而保万世也。其流长矣，其温厚矣，其功盛姚远矣！非孰修为之君子，莫之能知也。故曰：短绠不可以汲深井之泉。知不几者不可与及圣人之言。夫《诗》《书》《礼》《乐》之分，固非庸人之所知也。故曰：一之而可再也，有之而可久也，广之而可通也，虑之而可安也，反鈆察之而俞可好也。以治[②]情则利，以为名则荣，以群则和，多以独则足乐，意者其是邪！

夫贵为天子，富有天下，是人情之所同欲也。然则从人之欲，则势不能容，物不能赡也。故先王案为之制礼义以分之，使有贵贱之等，长幼之差，知贤愚、能不能之分。皆使人载③其事而各得其宜，然后使悫禄多少厚薄之称，是夫群居和一之道也。

故仁人在上，则农以力尽田，贾以察尽财，百工以巧尽械器，士大夫以上至于公侯莫不以仁厚知能尽官职，夫是之谓至平。故或禄天下而不自以为多，或监门、御旅、抱关、击柝，而不自以为寡。故曰：斩而齐，枉而顺，不同而一。夫是之谓人伦。《诗》曰：『受小共大共，为下国骏蒙。』此之谓也。

【注释】

①屈安：竭尽。

②治：陶冶。

③载：行。

【译文】

人之常情，吃东西希望有美味佳肴，穿衣服希望有绣着彩色花纹的绸缎，出行希望有车马，还希望富裕得拥有绰绰有余的财产积蓄。然而尽管这样，他们一年到头、世世代代都感觉财物还是不足，这就是人之常情。

人们活着，刚刚懂得畜养鸡狗猪，又知道畜养牛羊，但是吃饭时却不敢有酒肉；钱币有余，又有粮仓地窖，但是穿衣却不敢穿绸缎；简朴的人拥有一箱箱的积蓄，但是出行却不敢用车马。这是什么原因呢？这并非他不想这么做，而是从长远打算，考虑以后而怕没有什么东西来继续维持生活的原因。于是他们又进一步节省费用、抑制欲望、聚拢财物、贮藏粮食以便继续维持今后的生活，这种为了自己的长远打算，考虑今后生活，岂不是很好的吗？

如今那些苟且偷生、浅陋无知的人，竟连这个道理也不知道。他们极端地浪费粮食，不考虑以后，时间不长就会浪费尽而陷进困境了。这就是他们所以难逃于冻饿，只有手拿饭瓢布袋、沿街乞讨，最后饿死在沟壑之中的原因。况且他们连古代圣王的办法，仁义的要领，《诗》《书》《礼》《乐》的道理，都不知道！而这些原本就是治理天下的远大谋略，是为了天下人民长远考虑，考虑以后，而永葆世世代代长治久安的；它源远流长，它蕴含丰厚，它的功业传得遥远无穷，如果不是精通熟练、学习研究它的君子，不可以知道它的精义。因此说：短绳子不可能汲出深井里的泉水，知识不精的人不可能与他谈及圣人的言论。《诗》《书》《礼》《乐》的道理本来就不是庸人所能懂得的。因此说，一旦掌握了《诗》《书》《礼》《乐》的道理，便能够再深入钻研；精通了它，便能够长期使用；推而广之，便能够触类旁通；深思熟虑，便能够平和安定；遵循弄清，便会越发喜爱它们。用它们陶冶情操，就能获得好处；用它们谋求名声，就能获得荣誉；用它们交友待人，就能和气融洽；用它们独善其身，就能心情快乐。想来就是如此吧！

贵为天子的人，富裕得拥有整个天下，这是人的情感所共同追求的；但是如果放任人们的欲望，人们的情势是不可相容的，而现有的物质又不能满足每个人的欲念。因此，古代圣贤的帝王按照这种状况给人们制定了礼义来分辨他们，使人们有尊贵与低贱的等级差别，有年长与年幼的年龄分别，有聪明与愚钝、贤能与无能的区别，使他们每个人都能承担起自己的工作而各得其所，然后使俸禄的多少厚薄与他们的地位和他们所承担的工作相称，这就是使人们群居在一块儿而且关系能协调一致的方法啊。

因此，仁人居于君主的位子上，那么农民就把自己的所有力量都用在种田上，商人就把自己的聪明能干全都用在理财上，工匠就把自己的技能全都用在制作器械上，士大夫以上的官员，一直到公爵、侯爵，他们这些人没有不把自己的仁慈宽厚智慧才能都用在办理公事上，这种情况称为大治。因此，有的人富甲天下，却不以为自己占有的财富多；有的人看守城门、款待旅客、守卫关卡、打更巡逻，也不以为自己所得到的东西少。因此说：『有了参差才能变得整齐，有了约束才能归于服从，有了不同才能统一。』这就是人的等级次序。《诗经》说：『大事小事都遵循法度，保护各诸侯国平安无事。』说的就是这个道理啊。

非相　第五

相人，古之人无有也，学者不道也。古者，有姑布子卿，今之世，梁有唐举，相人之形状、颜色而知其吉凶、妖祥，世俗称之。古之人无有也，学者不道也。

故相形不如论[1]心，论心不如择术。形不胜心，心不胜术。术正而心顺之，则形相虽恶而心术善，无害为君子也；形相虽善而心术恶，无害为小人也。君子之谓吉，小人之谓凶。故长短、小大、善恶形相，非吉凶也。古之人无有也，学者不道也。

盖帝尧长，帝舜短；文王长，周公短；仲尼长，子弓短。昔者，卫灵公有臣曰公孙吕，身长七尺，面长三尺，焉广三寸，鼻目耳具，而名动天下。楚之孙叔敖，期思之鄙人也，突秃长左，轩较之下，而以楚霸。叶公子高，微小短瘠，行若将不胜其衣。然白公之乱也，令尹子西、司马子期皆死焉，叶公子高入据楚，诛白公，定楚国，如反手尔，仁义功名善于后世。故士不揣长，不揳大，不权轻重，亦将志乎尔。长短、小大、美恶形相，岂论也哉？

且徐偃王之状，目可瞻焉；仲尼之状，面如蒙倛；周公之状，身如断菑②；皋陶之状，色如削瓜；闳夭之状，面无见肤；傅说之状，身如植鳍；伊尹之状，面无须麋。禹跳，汤偏，尧、舜参牟子。从者将论志意，比类文学邪？直将差长短，辨美恶，而相欺傲邪？

古者，桀、纣长巨姣美，天下之杰也；筋力越劲，百人之敌也。然而身死国亡，为天下大僇③，后世言恶，则必稽焉。是非容貌之患也，闻见之不众，论议之卑尔！

【注释】

①论：察。

②菑（zī）：立着的枯树。

③僇：同『戮』，耻辱的意思。

【译文】

以人的体形、容貌来判定人的命运，古代是没有的，有学问的人也不讨论这种事情。古代有个名为姑布子卿的人，现在魏国有个名为唐举的人，都声称会按照人的体形、容貌来推测此人的祸福凶吉，世人都称道他们的相术。古代是没有的，有学问的人也不讨论的。

因此，观察一个人的相貌不如考核他的思想，考核他的思想不如鉴别他立身处世的方法。相貌比不上思想重要，思想比不上立身处世方法重要。立身处世方法正确而思想又顺从了它，那么形体相貌尽管丑陋而思想和立身处世方法是好的，也不会阻碍他成为君子；形体相貌尽管好看而思想与立身处世方法不正确，也不能掩饰他成为小人。君子能够说是吉，小人能够说是凶。因此高矮、大小、美丑等形体相貌上的特点，并非吉凶的标志。古代的人没有这种事，有学识的人也不讨论这种事。

尧的身材魁梧，舜的身材矮小，文王身材高，周公身材矮小，孔子身材魁梧，子弓身材矮小。以前，卫灵公有个大臣叫公孙吕，身长七尺，脸长三尺，面额却只有三寸，鼻子、眼睛、耳朵完备，他的声望却震撼天下。楚国的孙叔敖，是期思这个地方的粗陋的人，脑袋光秃，左腿长，身材矮小，没有车身高，却使楚国称霸。楚国大夫叶公子高，个子小而瘦弱，走起路来，好像连所穿的衣服也承受不起，但是在白公作乱时，令尹子西、司马子期都死在战乱中，叶公子高却进军夺取了楚城，杀死了白公，平定了楚国，就像反过手掌一样容易。他的仁义功名还一直延续到后世。因此，对于士，不要去揣测他的高矮，不要去估计他的大小，不要去衡量他的轻重，而要看他志气的修养。高矮大小和形体相貌的美丑，难道值得讨论吗？

西周时徐偃王的相貌，眼睛能够看到自己的额头；孔子的相貌，脸面就像蒙着丑陋的驱鬼面具；周公的相貌，身体就像断折的枯桩；皋陶的相貌，脸色就像削去皮的瓜；闳夭的相貌，脸上多须看不到皮肤；傅说的相貌，身上的皮肤就像鱼鳍；伊尹的相貌，脸上没有胡须眉毛。禹跛了腿，走路像跳一样；汤半身偏枯；舜眼睛是双瞳。相信相术的人是考核他们的志向、比较评价他们的学识呢，还是只分别他们的高矮、分辨他们的美丑而相互欺瞒傲视呢？

古时候，桀和纣都是身材魁梧俊美的人，是天下相貌最出类拔萃的，而且敏捷有力，能与一百个人匹敌。然而身死国亡，成为天下的奇耻大辱。后代的人谈到恶人，必定拿他们来举证。这不是容貌导致的祸患，而是他们见闻不多，思想卑下导致的。

今世俗之乱君，乡曲之儇①子，莫不美丽姚冶，奇衣妇饰，血气态度拟于女子；妇人莫不愿得以为夫，处女莫不愿得以为士，弃其亲家而欲奔之者，比肩并起。然而中君羞以为臣，中父羞以为子，中兄羞以为弟，中人羞以为友。俄则束乎有司而戮乎大市，莫不呼天啼哭，苦伤其今而后悔其始。是非容貌之患也，闻见之不众，论议之卑尔。然则从者将孰可也？

人有三不祥：幼而不肯事长，贱而不肯事贵，不肖而不肯事贤，是人之三不祥也。人有三必穷：为上则不能爱下，为下则好非其上，是人之一必穷也；乡则不若，偝则谩之，是人之二必穷也；知行浅薄，曲直有以县矣，然而仁人不能推，知士不能明，是人之三必穷也。人有此三数行者，以为上则必危，为下则必灭。《诗》曰：『雨雪瀌瀌，宴然聿消。莫肯下隧，式居屡骄。』此之谓也。

人之所以为人者，何已也？曰：以其有辨也。饥而欲食，寒而欲暖，劳而欲息，好利而恶害，是人之所生而有也，是无待而然者也，是禹、桀之所同也。然则人之所以为人者，非特以二足而无毛也，以其有辨也。今夫狌狌形笑，亦二足而无毛也，然而君子啜其羹，食其胾。故人之所以为人者，非特以其二足而无毛也，以其有辨也。夫禽兽有父子而无父子之亲，有牝牡而无男女之别。故人道莫不有辨。

辨莫大于分，分莫大于礼，礼莫大于圣王。圣王有百，吾孰法焉？故曰：文久而灭，节族②久而绝，守法数之有司极礼而褫。故曰：欲观圣王之迹，则于其粲然者矣，后王是也。彼后王者，天下之君也；舍后王而道上古，譬之是犹舍己之君而事人之君也。故曰：欲观千岁，则数今日；欲知亿万，则审一二；欲知上世，则审周道；欲知周道，则审其人所贵君子。故曰：『以近知远，以一知万，以微知明。』此之谓也。

【注释】

①儇（xuān）：轻薄巧慧。

②族：通『奏』，节奏。

【译文】

现在世俗不安分的乱民，乡村中的轻薄子，每个都美丽妖艳，穿着奇装异服，打扮如女人一样，性格态度柔弱也像女人；妇女们没有不想找他们做丈夫的，姑娘们没有不想找他们做未婚夫的，舍弃自己的家庭而与之私奔的，一个接一个。但是为君的却耻于让这样的人成为自己的臣下，为父的却耻于让这样的人成为自己的儿子，为兄的却耻于让这样的人成为自己的弟弟，普通人却羞于以这种人为朋友。有朝一日，这种人就会被官府拘禁，在闹市中被处死，个个哭叫连天，悲痛今日，而懊悔当初。这并不是容貌导致的祸患，而是由于他们见识浅薄，思想境界卑下导致的。那么你们认为如何做才是对的呢？

人有三种不吉祥：年幼的不愿侍奉年长的，卑贱的不愿侍奉尊贵的，没有德才的不愿侍奉贤能的，这是人们的三种祸患。人有三种必然会陷于困窘的情况：做了君主却不能爱护臣民，做了臣民却喜欢诽谤君主，这是人使自己一定陷于困窘的第一种情况；当面不如人，背后又毁谤，这是人使自己一定陷于困厄的第二种情况；知识浅薄，德行不厚，辨别是非曲直的能力又与别人相差很远，但对仁爱之人却不崇尚，对明智之士却不尊敬，这是人使自己一定陷于困厄的第三种情况。一个人如果有了这三不祥、三必穷中的一种，如果当君主就一定危险，做臣民就一定灭亡。《诗经》上说：『下雪纷纷满天飘，阳光灿烂便消融。他却不愿自引退，在位常常要蛮骄。』说的就是这种情况。

人之所以称为人，是什么原因呢？就是说：由于他与其他万物有不同。饿了想吃东西，冷了想要暖和，劳累了想休息，爱好利益而讨厌损害，这是人生来就具足的，是不需要等人来教就这样的，是禹和桀都一样的。人之所以称为人，并不只是凭着他有两只脚又没有长毛，而是由于他和万物有不同。那些猩猩也有两只脚，而且脸上也没有长毛，君子却喝它的汤，吃它的肉。所以人之所以称作人，并不只是凭他有两只脚并且没有长毛，而是由于他与万物有不同。禽兽有父子的关系但没有父子的亲情，有雄雌的不同却没有男女的区分，因此，人类社会的根本原则是不能不讲区别。

对世界万物规定出区分的界限以便人们区分的事情，最重要的是对人的上下尊卑身份地位进行分辨。在确定人们的身份地位时，最关键的也就是礼了；而礼制秩序中最关键的就是尊敬圣人和帝王。可圣王有上百个，我们该仿效哪一个呢？而这也正是我要说的：礼仪制度因年代久远而消失，音乐节奏因年代久远而失传，管理具体礼法的官吏也因年代久远而有所遗漏。因此说：想要观察圣王的事迹，就得具体观察我们所熟悉且能够考察清晰的人物，而这些人物正是后代的帝王。那些后代的帝王，就是现在治理天下的君主。不看后代圣王的治道而去称赞上古的圣王，打个比方说，这就如同离开自己的君主而去侍奉别国的君主。因此说：想要观察了解千年的往事，首先要仔细审察现在的现实；想知晓千千万万的事物，首先要弄明白眼前的一两件事物；要想懂得上古的社会情况，首先要审察现在周王朝的治国之道；要想明白周王朝的治国之道，首先要审察他们所尊敬的君子。因此说：『根据近的来知远，通过一事以知万，洞察隐微知明显。』说的即是这个道理。

夫妄人曰：『古今异情，其所以治乱者异道。』而众人惑焉。彼众人者，愚而无说，陋而无度者也。其所见焉，犹可欺也，而况于千世之传也！妄人者，门庭之间，犹可诬欺也，而况于千世之上乎！

圣人何以不可欺？曰：圣人者，以己度者也。故以人度人，以情度情，以类度类，以说度功，以道观尽，古今一也。类不悖，虽久同理，故乡乎邪曲而不迷，观乎杂物而不惑，以此度之。五帝之外无传人，非无贤人也，久故也；五帝之中无传政，非无善政也，久故也；禹、汤有传政而不若周之察也，非无善政也，久故也。传者久则论略，近则论详。略则举大，详则举小。愚者闻其略而不知其详，闻其细而不知其大也。是以文久而灭，节族久而绝。

凡言不合先王、不顺礼义，谓之奸言，虽辩，君子不听。法先王，顺礼义，党[①]学者，然而不好言，不乐言，则必非诚士也。故君子之于言也，志好之，行安之，乐言之。故君子必辩。凡人莫不好言其所善，而君子为甚。故赠人以言，重于金石珠玉；观人以言，美于黼黻文章；听人以言，乐于钟鼓琴瑟。故君子之于言无厌。鄙夫反是，好其实，不恤其文，是以终身不免埤污、佣俗。故《易》曰：『括囊，无咎无誉。』腐儒之谓也。

凡说之难：以至高遇至卑，以至治接至乱，未可直至也，远举则病缪，近世则病庸。善者于是间也，亦必远举而不缪，近世而不庸，与时迁徙，与世偃仰，缓急、嬴绌，府然若渠堰、檃栝之于己也，曲得所谓焉，然而不折伤。

故君子之度己则以绳，接人则用抴。度己以绳，故足以为天下法则矣；接人用抴，故能宽容，因求以成天下之大事矣。故君子贤而能容罢[②]，知而能容愚，博而能容浅，粹而能容杂，夫是之谓兼术。《诗》曰：

『徐方既同，天子之功。』此之谓也。

【注释】

①党：亲近的意思。

②罢：通『疲』，疲弱无能。

【译文】

有些愚蠢的人说：『古今情况不同，所用来统治天下的道也是不同的。』众人被这种话迷惑而信任了它。那些众人，愚蠢而不能辩说，浅陋而不能测度。目睹的事，都能被欺瞒，况且是千载相传之事！这些妄人，在通常生活中，尚且要进行欺诈、蒙骗，更何况对于那些千载之上，人所不能见的事情？

然而圣人为何不能被欺骗呢？这是由于：圣人，是根据自己的切身体验来推测揣度古代的事物的人。因此，他们根据现代人的情况去推断古代人的情况，依据现代的人情去推测古代的人情，根据现代的某一类事物去推定古代同类的事物，根据流传至今的学说去推测古人的功业，依据事物的普遍规律去观察古代的一切，因为古今的情况是相同的。只要是同类而不互相背离的事物，那么尽管相隔很久，它们的基本性质还是相同的，因此圣人面对邪说歪理也不会被惑乱，观察复杂的事物也不会感觉困惑，这是因为他能按照这种道理去权衡一切事物。除了伏羲、神农、黄帝、尧、舜这五位帝王，那个时代没有流传到后世的名人，并非那时没有贤能的人，而是时间太久了的原因；除了这五位帝王的政治措施，没有流传到后世的政治措施，并非别人就没有好的政治措施，而是时间太久了的原因；夏禹、商汤虽然有流传到后世的政治措施，但不及周代的清晰，并非他们没有好的政治措施，而是时间太久了的原因。流传的东西时间一长，那么谈起来就简单了；近代的事情，谈起来才详细。简洁的，就只能列举它的大概；详细的，才能列举它的细节。愚蠢的人听到了那简洁的论述就不再去了解那详细的情况，听到了那详细的细节就不再去了解它的大概情况。因此礼仪制度就因为年代久远而消失了，音乐的节奏就由于年代久远而失传了。

凡是言论不符合古代圣王道德原则，不遵循礼义的，就称为『奸言』，尽管娓娓动听很有条理，君子也不听。仿效古代圣王，遵守礼义，亲近有知识的人，但不喜爱谈论圣王，不乐意谈论礼义，那就一定不是真诚的学士。因此，君子对于正确的言论，心里喜欢它，行动遵守它，乐意谈论它。因此，君子一定能言善辩。凡人没有不喜爱谈论自己所爱好的，而且君子更是这样。所以君子赠人一句善言，觉得比赠给人金石珠玉还珍贵；让人看到善言，比让人看到锦绣花纹还感觉美；把善言讲给别人听，感觉比让别人欣赏钟鼓琴瑟还快乐。所以，君子谈论永不厌倦。鄙陋的小人与此相反，他们只重视实际，而不顾及言谈文采，因此一辈子难免卑劣庸俗。因此《周易·坤卦》中说：『就像扎了口的袋子，既无归咎，也无赞美。』就说的是这种迂腐的儒生。

说话的困难，在于用最崇高的道理来劝告最卑劣的人，用最稳定的国家的治国道理来触及最动乱的国家的现实。这是不可能直接实现目的的。列举远古的事容易荒谬，列举近时的事又容易庸俗。善于言谈的人处于这种情况下，必定做到列举远古的事而不荒谬，列举近时的事而不庸俗，随着时代的变化，顺从世道的高下，或缓或急，或屈或伸，切实地像用堤坝限制水流、用檃栝限制弯木那样限制自己，几经曲折，然后达到所说的目的，但又不伤害别人。

因此君子端正自身用准绳，对待别人则进行引导。端正自己用准绳，所以足以成为天下的模范；对待别人用引导，因此能够宽容，依靠众人完成天下的大事。因此君子贤明而且能宽容德才劣等的人，聪明智慧而能宽容愚蠢的人，渊博而能容忍浅陋的人，纯正而能容忍不纯的人，这就是所说的容忍各种人的方法。《诗经·大雅·常武》说：『徐国的百姓已经归顺，这是天子的功绩。』指的就是这种情况。

谈说之术，矜庄以莅之，端诚以处之，坚强以持之，分别以喻之，譬称以明之，欣驩芬芗以送之，宝之，珍之，贵之，神之，如是，则说常无不受；虽不说人，人莫不贵。夫是之谓为能贵其所贵。传曰：『唯君子为能贵其所贵。』此之谓也。

君子必辩。凡人莫不好言其所善，而君子为甚焉。是以小人辩，言险；而君子辩，言仁也。言而非仁之中也，则其言不若其默也，其辩不若其呐也；言而仁之中也，则好言者上矣，不好言者下也。故仁言大矣。起于上所以道于下，政令是也；起于下所以忠于上，谋救是也。故君子之行仁也无厌。志好之，行安之，乐言之，故言君子必辩。小辩不如见端①，见端不如见本分。小辩而察，见端而明，本分而理，圣人、士君子之分具矣。

有小人之辩者，有士君子之辩者，有圣人之辩者。不先虑，不早谋，发之而当，成文而类，居错迁徙，应变不穷，是圣人之辩者也；先虑之，早谋之，斯须之言而足听，文而致实，博而党正，是士君子之辩者也。听其言则辞辩而无统，用其身则多诈而无功；上不足以顺明王，下不足以和齐百姓；然而口舌之均，噡唯则节，足以为奇伟偃却②之属，夫是之谓奸人之雄。圣王起，所以先诛也。然后盗贼次之。盗贼得变，此不得变也。

【注释】

①见端：注意事情的头绪。

②偃却：同『偃蹇』，高耸，引申为出众。

【译文】

交谈的方法是：用严肃庄重的态度去接近别人，以正直诚恳的态度去对待别人，用坚强的意志去协助别人，用比喻的方法来使别人知晓事理，用分析的方法来让别人明白，热情、温和地指导别人，使自己所说的话显得宝贵、珍惜、重要、神妙。如果真能够如此，那么你所说的话往往不会令别人很难接受，尽管不去取悦别人，他人也会看重你的话。这样做就能使自己所珍爱的东西受到别人的重视。古书上说：『只有君子才能使自己所珍爱的东西受到别人的重视。』说的就是这种情况啊。

君子必定要辩说。人都喜欢谈说自己重视的东西，君子尤其这样。因此小人宣扬的是邪恶，君子宣扬的是仁爱。言论与仁爱不相关，那么他说话就比不上不说，善辩还比不上口齿笨拙；所言与仁爱有关，则以好说为上，以不好说为下。因此仁道之言的意义很重要。发自君主，用来指导人民的言语，就是政令；出自臣子，忠于君主的言论，即是谏救。因此君子对于仁的践行从不厌倦。必定是志之所好在此，行之所安在此，并以积极宣扬为乐。因此说君子必定是好辩说的。辩说小事，不如掌控好事情的头绪；掌控好事情的头绪，不如抓住根本。辩说小事能够精察，抓住头绪能够懂得，抓住了尊卑上下的根本就能获得辩说的根本意义。圣人、士君子所具有的作用全在于此。

有小人的辩说，有士君子的辩说，有圣人的辩说。不预先考虑，不尽早谋划，一出言就很适当，既富有文采又符合礼法，采取措施，灵活变化，都能随机应变，应付不穷，这即是圣人的辩说。事先就考虑了，尽早已谋划了，短时间的发言还值得一听，既具有文采又细致实在，既渊博又正直，这即是士君子的辩说。听他说话言辞夸张，不得要领，任用他办事既多诡诈又无效果；对上不能归顺英明的帝王，对下不能团结和谐百姓；但他讲话有分寸，或夸夸其谈，或唯唯诺诺，他们全部靠口才而自夸自傲，这就是奸人中的杰出者。圣明的帝王一继位，这种人是首先要被杀头的，然后就是惩戒盗贼。盗贼还有可能转变，但这种人是不会痛改前非的。

非十二子

第六

假今之世，饰邪说，文奸言，以枭乱天下，矞宇嵬琐，使天下混然不知是非治乱之所存者有人矣。

纵情性，安恣睢，禽兽行，不足以合文通治；然而其持之有故，其言之成理，足以欺惑愚众。是它嚣、魏牟也。

忍情性，綦谿利跂，苟以分异人为高，不足以合大众、明大分；然而其持之有故，其言之成理，足以欺惑愚众。是陈仲、史鳝也。

不知壹天下、建国家之权称，上功用、大俭约而僈差等。曾不足以容辨异、县君臣；然而其持之有故，其言之成理，足以欺惑愚众。是墨翟、宋钘也。

尚法而无法，下修而好作，上则取听于上，下则取从于俗，终日言成文典，反紃察之，则倜然无所归宿，不可以经国定分，然而其持之有故，其言之成理，足以欺惑愚众，是慎到、田骈也。

不法先王，不是礼义，而好治怪说，玩琦辞，甚察而不急，辩而无用，多事而寡功，不可以为治纲纪；然而其持之有故，其言之成理，足以欺惑愚众，是惠施、邓析也。

略法先王而不知其统，然而犹材剧[①]志大，闻见杂博。案往旧造说，谓之『五行』，甚僻违而无类，幽隐而无说，闭约而无解，案饰其辞而祇敬之曰：『此真先君子之言也。』子思唱之，孟轲和之，世俗之沟犹瞀[②]儒嚾嚾然不知其所非也，遂受而传之，以为仲尼、子游为兹厚于后世。是则子思、孟轲之罪也。

【注释】

①剧：繁多，大量。

②沟犹瞀：愚昧无知的意思。

【译文】

凭借当今这个时代，粉饰邪恶的学说，美化诡诈的言论，用来扰乱天下，欺骗、惑乱愚昧的百姓，那些诡诈、诡谲、怪异、平庸的言论使天下的人浑浑噩噩地不懂得是非标准、治乱的根源，现在已经有这种人了。

放任自己邪恶的天性，肆意妄为而无所愧疚，行为如同禽兽，不足以合乎礼义而达到国家的治理，然而却说得有根有据，有条有理，足以欺瞒迷惑愚昧的老百姓，它嚣、魏牟即是这样的人。

强忍着自己的欲念和天性，用心非常深沉，行为极其孤僻，一心只想显现出和别人不一样，不能够与大众和谐相处、遵循等级名分；然而却说得有根有据，有条有理，足以欺骗惑乱愚昧的老百姓，陈仲、史鰌即是这样的人。

不知道治理天下、建立礼制的重要性，重视实用，过分强调节约，而看轻等级秩序，以至于不能分辨上下之别、君臣之异，然而却说得有根有据，有条有理，足以欺骗惑乱愚昧的老百姓，墨翟、宋钘即是这样的人。

重视法治但又不以礼法为准则，藐视贤能的人又喜欢另搞一套，对上顺从君主的主张，对下则遵从世俗的做法，整天谈论制定条文法典，但是，一旦对他们的言行反复考察，就会发现他们的言行偏离实际，没有一个着落，不能够用它们来治理国家、确定名分；但是他们所持的理论却有根有据，他们能把这些理论说得有条有理，足以用来欺骗惑乱那些愚昧的民众。慎到、田骈即是这样的人。

不仿效古代的圣王，不遵从礼义，又喜欢研究奇谈怪说，玩弄奇异词藻，异常明察但毫无实惠，十分雄辩但毫不实用，做的事很多但效果很少，不可能用来当作治国的纲领；但是，他们的言说却有根有据，言谈有条有理，完全能够欺骗迷惑普通民众。春秋战国时的惠施、邓析即是这种人。

粗略地仿效先王，却不知道先王的纲领，但好像才大志高，见闻杂而广泛。按照旧制，臆造一种学说，称为『五常』，确实是邪僻违理，不伦不类。隐晦而没有说出什么道理，晦涩而不能理喻，还修饰他的言辞，并恭恭敬敬地说：『这确实是先君子孔夫子的言论啊！』子思提倡，孟轲应和，世俗中愚昧无知的读书人，闹哄哄地不明白他们错在哪里。于是就接纳下来又传给后人，以为仲尼、子弓就是由于这些而被后世所推崇。这是子思、孟轲的过错。

若夫总方略，齐言行，壹统类，而群天下之英杰，而告之以大道，教之以至顺；奥窔之间，簟席之上，敛然圣王之文章具焉，佛然平世之俗起焉；则六说者不能人也，十二子者不能亲也；无置锥之地，而王公不能与之争名；在一大夫之位，则一君不能独畜，一国不能独容，成名况乎诸侯，莫不愿以为臣。是圣人之不得势者也，仲尼、子弓是也。

一天下，财[1]万物，长养人民，兼利天下；通达之属，莫不从服，六说者立息，十二子者迁化。则圣人之得势者，舜、禹是也。

今夫仁人也，将何务哉？上则法舜、禹之制，下则法仲尼、子弓之义，以务息十二子之说。如是，则天下之害除，仁人之事毕，圣王之迹著矣。

信信，信也；疑疑，亦信也。贵贤，仁也；贱不肖，亦仁也。言而当，知也；默而当，亦知也。故知默犹知言也。故多言而类[2]，圣人也；少言而法，君子也；多少无法而流湎然，虽辩，小人也。故劳力而不当民务，谓之奸事；劳知而不律先王，谓之奸心；辩说譬喻，齐给便利，而不顺礼义，谓之奸说。此三奸者，圣王之所禁也。知而险，贼而神，为诈而巧，言无用而辩，辩不惠而察，治之大殃也。行辟而坚，饰非而好，玩奸而泽，言辩而逆，古之大禁也。知而无法，勇而无惮，察辩而操僻，淫大而用之，好奸而与众，利足而迷，负石而坠，是天下之所弃也。

兼服天下之心：高上尊贵不以骄人，聪明圣知不以穷人，齐给速通不争先人，刚毅勇敢不以伤人。不知则问，不能则学，虽能必让，然后为德。遇君则修[3]臣下之义，遇乡则修长幼之义，遇长则修子弟之义，遇友则修礼节辞让之义，遇贱而少者则修告导宽容之义。无不爱也，无不敬也，无与人争也，恢然如天地之苞万物。如是则贤者贵之，不肖者亲之。如是而不服者，则可谓妖怪狡猾之人矣。虽则子弟之中，刑及之而宜。《诗》云：『匪上帝不时，殷不用旧。虽无老成人，尚有典刑。曾是莫听，大命以倾。』此之谓也。

【注释】

①财：通『裁』，掌控，安排。

②类：善，指礼义。

③修：实行。

【译文】

对于总括治国的方针策略，统一人们的言论与行动，统一治国的纲领法度，从而聚集天下的英雄豪杰，用古代帝王的政绩来教导他们，拿天下最正确的道理教导他们；在室堂之内、竹席之上，那英明帝王的礼义制度便会集中地具备在此，那太平时代的风俗便会蓬勃地在此兴起了。上面六种学说是不能侵入这讲堂的，那十二个人是不能靠近这讲席的。他们尽管没有立锥之地，但天子诸侯不可与之竞争名望；他们尽管只是处在一个大夫的职位上，但不是一个诸侯国的国君所能独自任用的，不是一个诸侯国所能单独容忍的，他们的盛名超越了诸侯，各国的君主没有一个不情愿让他们来当自己的臣子的。这些人就是圣人中没有获得权势的人啊，孔子、子弓就是这种人。

治理天下，管理利用万物，养育人民，使天下的人都获得好处；凡是能到达的地方，没有一个人不归顺的，上面的六种学说立刻销声匿迹，十二个人也弃邪归正。这样的人就是圣人中获得了权势的人啊，舜、禹就归属这种人。

当今那些注重仁德的打算怎么去做呢？对上应当师法舜、禹的政治制度，对下应当师法仲尼、子弓的礼义制度，这样才能除去上述十二个人的学说。这样一来，那么天下的祸害就去除了，仁人志士的事业也就成功了，圣明帝王的事迹也就彰显了。

相信应当相信的东西，是诚实可信；怀疑应当怀疑的东西，也是诚实可信。尊敬贤能的人，是仁爱；轻视不贤能的人，也是仁爱。话说得很恰当，是明智的体现；沉默得很恰当，也是明智的体现。所以懂得在什么场合下应该沉默不言等于知道应该怎样来说话。因此，话说得多而且都符合法度礼义的，便是圣人；话说得少而且符合法度礼义的，就是君子；话说得多或者说得少都不合法度而放任沉醉在其中的，尽管他说得头头是道，也还是个小人。因此，费尽力气去做而不符合百姓的需求的事情，就称为奸邪的政务；费尽心思而不以古代圣王的法度为准则，就称为奸邪的心机；辩说比喻起来迅速敏捷而不遵守礼义，就称为奸邪的辩说。这三种奸邪的东西，是圣明的帝王所制止的。生性聪明而险恶，手段恶毒而高明，行为诡诈而巧妙，言论不合实际而雄辩动听，辩说毫无用处而明察入微，这些都是治理国家时的大祸害。为所欲为而又很坚决，文过饰非而好像很完美，玩弄奸计而非常圆滑，能言善辩而违背常理，这些是古代特别加以制止的。聪明而不守法度，勇猛而肆无忌惮，明察善辩而所持的论点怪僻不经，荒诞骄奢而刚愎自用，喜爱搞阴谋诡计而同党众多，这就是贪求便利而误入迷途、身负重任而坠入深渊，这些全是天下人所厌恶的啊。

使天下人都心悦诚服的方法：身份地位高而不藐视别人，聪明圣智而不逼人至困境，才能敏捷而不与人争先，刚毅勇猛而不伤及他人；不懂得就虚心求教，不会的就认真去学，有能力而明白谦让，然后就能成就圣贤之德了。对待君主，就谨慎地按照臣下之义务去做；对待乡人，就依据长幼的顺序去做；对待长者，就依据弟子恭敬的礼节去做；对待朋友，就谨慎地按照礼节辞让之义去做；见到地位低、年纪轻的人，就应当本着教导、宽容的原则去做。与人相处，没有不仁慈的，没有不恭敬的，不与他人相争，心胸就像天地包容万物那样广大。这样，贤能的人就会尊重他，不肖之人也会亲近他。像这样如果还有人不服从，那就能够说是妖怪狡诈之人了，尽管是一家人，对其处以刑罚，也是应该的。《诗经》上说：『不是上帝的过失，是因为纣王不遵循先王之道。尽管没有伊尹、伊陟这样老成的人，也还是有先王的典则和刑法能够效法。但是殷纣王连这些都不听，因此导致了国家的灭亡。』指的就是这种情况。

古之所谓士者，厚敦者也，合群者也，乐富贵者也，乐分施者也，远罪过者也，务事理者也，羞独富者也。今之所谓士仕者，污漫者也，贼乱者也，恣睢者也，贪利者也，触抵者也，无礼义而唯权势之嗜者也。古之所谓处士者，德盛者也，能静者也，修正者也，知命者也，著是者也。今之所谓处士者，无能而云能者也，无知而云知者也，利心无足而佯无欲者也，行伪险秽而强高言谨悫者也，以不俗为俗，离纵而跂訾者也。

【译文】

古代所说的做官的人，是老实忠诚的人，团结群众的人，重视道德的人，喜欢施惠的人，远离罪过的人，研究事物道理追逐合道的人，以自己独富为耻辱的人。而现在这些做官的人，是欺骗诡诈的人，为非作歹、伤害他人的人，放任性情胡为的人，贪求利益的人，触犯法令的人，不在乎礼义而只追逐权势的人。

古代所谓的隐士，是道德高尚的人，修身自洁、行为正直的人，自安于命而不妄求的人，弘扬正确主张的人。而当今所说的隐士，没有能力而自夸有能力，无知而自认为有知，贪得无厌而假装没有欲念，行为阴险肮脏而硬要把自己说成老实忠诚，做离俗之状以自标清高，这是假装自己与众不同的人。

士君子之所能不能为：君子能为可贵，不能使人必贵己；能为可信，不能使人必信己；能为可用，不能使人必用己。故君子耻不修，不耻见污；耻不信，不耻不见信；耻不能，不耻不见用。是以不诱于誉，不恐于诽，率[1]道而行，端然正己，不为物倾侧，夫是之谓诚君子。诗云：『温温恭人，维德之基。』此之谓也。

士君子之容：其冠进，其衣逢，其容良；俨然，壮然，祺然，蕼然，恢恢然，广广然，昭昭然，荡荡然，是父兄之容也。其冠进，其衣逢，其容悫；俭然，恀然[2]，辅然，端然，訾然，洞然，缀缀然，瞀瞀然，是子弟之容也。

吾语汝学者之嵬容：其冠俛，其缨禁缓，其容简连，填填然，狄狄然，莫莫然，瞡瞡然，瞿瞿然，尽尽然，盱盱然。酒食声色之中，则瞒瞒然，瞑瞑然；礼节之中，则疾疾然，訾訾然；劳苦事业之中，则儢儢然，离离然，偷儒而罔，无廉耻而忍謑诟，是学者之嵬也。

弟佗其冠，神禫其辞，禹行而舜趋，是子张氏之贱儒也。正其衣冠，齐其颜色，嗛然而终日不言，是子夏氏之贱儒也。偷儒惮事，无廉耻而耆饮食，必曰君子固不用力，是子游氏之贱儒也。

彼君子则不然。佚而不惰，劳而不僈，宗原[3]应变，曲得其宜，如是然后圣人也。

【注释】

①率：遵循。

②恀（chǐ）然：依赖长者的样子。

③宗原：遵守根本的原则。

【译文】

士君子所能做和不能做的是：君子能办到因品德高尚而被人尊敬，但不能强迫别人尊敬自己；能做到因忠诚老实而被人相信，但不能强迫人信任自己；能做到因多才多艺而被人任用，但不能强迫人任用自己。因此，君子会因自己的德行不好而耻辱，而不会因被人污蔑而耻辱；会因为自己不老实而耻辱，而不会因为不被相信而耻辱；会因为自己的无能而耻辱，而不会因不被任用而耻辱。所以，君子不会被虚荣所诱惑，也不会被非议所吓倒。循道而行，端正自己，不会为身外之物而神魂颠倒，这就称为真正的君子。《诗经》中说：『温良谦恭的人啊，他以德行为基础。』这里指的就是士君子。

士君子的仪表是：帽子戴得高高的，衣服宽宽大大的，面相和蔼可亲，庄严、伟岸、安泰、洒脱、宽容、开阔、明朗、坦荡，这是做父兄的仪容。帽子高高竖起，衣服宽宽大大，面相谨慎诚实，谦虚、温顺、亲热、端正、勤勉、恭敬，伴随左右而不敢正视，这是做子弟该有的仪表。

我跟你们谈谈一些学者的丑态：帽子戴得低低的，帽带系得松松垮垮的，面容骄傲自大，装模作样，急躁不安，或者冷淡沉默，或者眯起眼睛东张西望，或者一副惊慌失措的模样，或者消沉沮丧、一筹莫展的样子，或者冷眉竖眼、一副看不起别人的样子。在吃喝玩乐的时候，就神情迷乱，沉迷其中；在需要行使礼节的时候，就急躁不安，抱怨不停；在做劳苦工作的时候，就懒散松懈，苟且偷安而无所顾忌，不怕别人的诽谤，没有廉耻之心，情愿忍受别人的污辱谩骂。这即是一些学者的丑态。

歪戴着帽子，谈话平淡无味，像夏禹的跛行、虞舜的快走，这即是子张一类卑贱儒生故作圣人姿态。衣帽齐整，脸色严肃，嘴里像含着东西一样整天不讲一句话，这就是子夏一类卑贱儒生的样子。苟且偷安，胆小怕事，毫无廉耻之心却又贪图吃喝，还要说什么，君子原本就不必参加体力劳动，这就是子游一类卑贱儒生的样子。

那些君子却不是这样，他们尽管居处安逸却毫不怠惰；他们尽管劳累却不懈怠；他们尽管遵守根本的原则，却完全可以适应变化处置得宜。如果做到这些即是圣人了。

仲尼

第七

仲尼之门人，五尺之竖子，言羞称乎五伯，是何也？曰：然！彼诚可羞称也。齐桓，五伯之盛者也，前事则杀兄而争国；内行则姑姊妹之不嫁者七人，闺门之内，般乐奢汏，以齐之分奉之而不足；外事则诈邾袭莒，并国三十五。其事行也若是其险污淫汏也。彼固曷足称乎大君子之门哉？

『若是而不亡，乃霸，何也？』

曰：『於乎！夫齐桓公有天下之大节[1]焉，夫孰能亡之？倓然见管仲之能足以托国也，是天下之大知也。

安忘其怒，出忘其雠，遂立以为仲父，是天下之大决也。立以为仲父，而贵戚莫之敢妒也；与之高、国之位，而本朝之臣莫之敢恶也；与之书社三百，而富人莫之敢距也；贵贱长少，秩秩焉，莫不从桓公而贵敬之，是天下之大节也。诸侯有一节如是，则莫之能亡也；桓公兼此数节者而尽有之，夫又何可亡也？其霸也，宜哉！非幸也，数也。』

然而仲尼之门人，五尺之竖子，言羞称乎五伯，是何也？曰：然，彼非本政教也，非致隆高也，非綦文理也，非服人之心也；乡方略、审劳佚、畜积、修斗而能颠倒其敌者也，诈心以胜矣。彼以让饰争，依乎仁而蹈利者也，小人之杰也，彼固曷足称乎大君子之门哉？

彼王者则不然。致贤而能以救不肖，致强而能以宽弱，战必能殆之而羞与之斗，委然②成文以示之天下，而暴国安自化矣，有灾缪者然后诛之。故圣王之诛也，綦省矣。文王诛四，武王诛二，周公卒业，至于成王则安无诛矣。故道岂不行矣哉！文王载之，百里地而天下一；桀、纣舍之，厚于有天下之势而不得以匹夫老。故善用之，则百里之国足以独立矣；不善用之，则楚六千里而为仇人役。故人主不务得道而广有其势，是其所以危也。

【注释】

①节：是指策略。

②委然：美好的，有文采的。

【译文】

孔子的学生和他周围的人，尽管是身高五尺的少年学生，谈话时都把称赞五霸当作耻辱。这是什么原因呢？回答道：是的，五霸的确有让人耻于称赞的地方。齐桓公，是五霸中最负盛名的，但他称霸以前，为争当国君而杀害了兄长。在家里的所作所为，使他的姑姑姐妹就有七个人没有出嫁。宫廷里，玩乐过分，奢靡浮华，以致用齐国赋税的一半来供养他都不够。对外，他欺骗邾国，攻击莒国，吞并了三十五个诸侯国。他做事是这样的阴险肮脏骄奢淫逸，当然不可以在大君子孔子面前被称赞了！

『既然齐桓公这样不遵古道，为何他不仅没有灭亡，竟然还能称霸于诸侯呢？』

答道：『哎哟！那个齐桓公他懂得了治理天下的关键问题呀，谁还能灭了他呢？他坚定不移地相信管仲的才能，把国家大事全部托付给他，这是天下最大的明智。他当上了齐国君主后，能忘却自己危急时对管仲的愤怒，逃离险境后就不再计较对管仲的怨仇，最终把管仲尊称为仲父，这是天下最重要的决定。把管仲尊称为仲父，国君的内外亲族没人敢妒忌；给管仲以高氏、国氏般的显贵地位，朝廷大臣没人敢埋怨；给管仲三百社的土地人口，富豪人家没人能和管仲相争；举国上下，从高贵到卑下，老老少少，都秩序井然地跟随桓公尊敬管仲；这些都是统治天下的关键问题。诸侯国君只要懂得了一两个这样的关键就没人能把他灭亡。桓公懂得了所有这些重要的关键要领，又怎么可能被灭了呢？他称霸诸侯是理所应当的！并不是侥幸，而是有定数的。』

然而孔子的学生和他周围的人，尽管是身高五尺的童子，议论起来都以赞扬五霸为耻。这是什么原因呢？回答道：是这样的，因为他们没有把政治教化当作立国的根本，没有达到注重礼义的最崇高的精神境界，没有使礼义制度健全而且条理清楚，没有使人完全归服；他们只是些推行了正确的方针策略、注意使民众劳逸结合、积存物资、加强战备，因此能彻底颠覆、击垮敌人的人，是一些凭借奸诈的计谋来取胜的人。

他们是用谦让来掩盖争夺、假借仁爱的名义追逐实利的人，是小人中的杰出人物，他们怎么可以在伟大的孔圣人门下受到赞扬呢？

那些称王天下的人就不是如此：他们最贤能却能够去帮助不贤的人；自己最强盛却能够宽容弱者；打起仗来必定能够使对方危亡，而耻于诉诸武力；安详地制定了礼仪制度并把它们公布于天下，而残暴的国家就自然被感动了；如果还有犯上作乱、行为乖戾的，然后再去消灭他。所以圣明帝王杀害乱党，是极少的。周文王只征讨了四个国家，周武王只杀害了两个人，周公旦实现了称王天下的大业，到了周成王的时候就没有杀伐了。那礼义之道难道就不能推行了吗？文王推行了礼义之道，虽然只占有方圆百里的国土，但天下被他统一了；夏桀、商纣王舍弃了礼义之道，尽管掌握了统治天下的权力，却不能像普通百姓那样寿终正寝。因此若是善于利用礼义之道，那么方圆百里的国家完全能够独自存在下去了；而不善于使用礼义之道，那么就是像楚国那样有了六千多里的国土，也还是被仇敌所役使。因此，君主不致力于掌控礼义之道而只求扩展他的势力，这就是他危险而导致灭亡的原因。

持宠、处位、终身不厌之术：主尊贵之，则恭敬而僔①；主信爱之，则谦慎而嗛；主专任之，则拘守而详；主安近之，则慎比而不邪；主疏远之，则全一而不倍；主损绌之，则恐惧而不怨。贵而不为夸，信而不忘处谦，任重而不敢专，财利至则言善而不及也，必将尽辞让之义然后受；福事至则和而理②，祸事至则静而理。富则施广，贫则用节，可贵可贱也，可富可贫也，可杀而不可使为奸也，是持宠、处位、终身不厌之术也。虽在贪穷徒处之势，亦取象于是矣，夫是之谓吉人。《诗》曰：『媚兹一人，应侯顺德，永言孝思，昭哉嗣服。』此之谓也。

求善处大重，理任大事，擅宠于万乘之国，必无后患之术：莫若好同之，援贤博施，除怨而无妨害人。能耐任之，则慎行此道也；能而不耐任，且恐失宠，则莫若早同之，推贤让能，而安随其后。如是，有宠则必荣，失宠则必无罪，是事君者之宝而无后患之术也。

故知者之举事也，满则虑嗛，平则虑险，安则虑危，曲重其豫，犹恐及其祸，是以百举而不陷也。孔子曰：『巧而好度，必节；勇而好问，必胜；知而好谦，必贤。』此之谓也。

愚者反是：处重擅权，则好专事而妒贤能，抑有功而挤有罪，志骄盈而轻旧怨，以吝啬而不行施道乎上，为重招权于下以妨害人。虽欲无危，得乎哉？是以位尊则必危，任重则必废，擅宠则必辱，可立而待也，可炊而竟也。是何也？则堕之者众而持之者寡矣。

【注释】

①僔（zǔn）：通『撙』，谦让的意思。

②理：治，对待。

【译文】

长久保持尊宠、守住官位、终身不被君主抛弃的方法是：君主尊敬重视你，你就恭敬而谦让；君主相信喜爱你，你就谨慎而谦虚；君主一心一意任用你，你就谨慎守职而详明法度；君主喜爱亲近你，你就顺从亲附而不谄媚；君主远离你，你就全心全意专一于君主而不叛离；君主贬损罢免你，你就应该心怀恐惧而不怨恨。地位显贵时，不奢侈过度；得到君主的相信时，不忘掉避嫌疑；担负重任时，不敢独断专行；

财物利益来临时，而自己的善行还够不上获得它，就必定要尽到了推让的礼节后再接受；幸福之事来临时就安泰地去对待它，灾难之事来临时就冷静地去处理它。富裕了就广泛地布施恩惠，贫穷了就尽力地节省费用；可以贵，可以贱，可以富，可以穷，可以杀身成仁却不能够被驱使去做奸恶的事。这些就是长久保持尊宠、守住自己的官位、终身不被君主厌离的方法。尽管处在贫穷孤立的境况下，也能依据这种方法来立身处世，这样的人就可称作吉祥之人。《诗经》上说：『可爱武王这个人，顺从祖先的德行。永远记着要孝敬，继承父业多修明！』谈的就是这种人啊。

追逐善于身居要位，担任要职，在拥有万辆兵车的大国单独拥有君主的恩宠且保证没有后患的办法是：最好和君主同心同德，推举贤能，广泛布施，消除心中对别人的埋怨，不要去妨害别人。自己能勉强担负起这重大的职务，那就谨慎地遵行上述的这种方法。自己如果不可以胜任这一职务，而且怕因此而丧失君主对自己的宠爱，那就不如尽早和君主同心同德，把贤人举荐给君主而把职务谦让出来，自己则心甘情愿地跟随其后。如果可以这样，拥有君主的恩宠就必定会荣耀，失去宠爱也必定不会获罪。这是侍奉君主的法宝，也是保证没有后患的办法。

因此，明智的人办事儿，圆满时考虑不足，平顺时考虑艰险，安全时考虑危难，思虑周详而多有防范还会诚惶诚恐地考虑祸难，这才会百事俱兴而不致陷入危险的境地。孔子说：『机敏灵巧而又喜欢法度，就必定能做得恰到好处；勇敢而又习惯于和他人同心协力，就必定能取得最后的胜利；脑瓜子聪明而又情愿谦虚处下，就必定会成为德才兼备的人才。』他谈的也正是这个道理。

愚笨的人与此相反。身居要职独揽大权就喜爱独断专行而嫉贤妒能，压制有功的人而排挤打击有过错的人，心志骄傲自满而不把和自己有仇恨的人放在眼里，由于吝啬小气，身处上位而不行布施之道，为抬高自己而独揽大权于一身以致伤害了别人。尽管你指望这种人能够平安无事，可怎么能办得到呢？因此，他们一旦位高势重就必定会有危险，身处要位却早晚必定会被罢免，虽然一时能独受宠爱却早晚必定会遭受屈辱，这后果你就等着看吧，烧顿饭的工夫他也可能就已经完了。这是什么原因呢？因为非议伤害他的人会很多而扶持协助他的人却很少啊。

天下之行术，以事君则必通，以为仁则必圣，立隆而勿贰也。然后恭敬以先之，忠信以统之，谨慎以行之，端悫以守之，顿穷则从之疾力以申重之。君虽不知，无怨疾之心；功虽甚大，无伐德①之色；省求多功，爱敬不倦。如是则常无不顺矣。以事君则必通，以为仁则必圣，夫是之谓天下之行术。

少事长，贱事贵，不肖事贤，是天下之通义也。有人也，势不在人上，而羞为人下，是奸人之心也。志不免乎奸心，行不免乎奸道，而求有君子、圣人之名，辟之。是犹伏而舐天，救经②而引其足也。说必不行矣，俞务而俞远。故君子时诎则诎，时伸则伸也。

【注释】

①伐德：自我夸耀功德。

②经：上吊。

【译文】

有一种行遍天下都能行得通的办法，用它来侍奉君主就必定会通达，用它来做人就一定会圣明。确立礼义当作崇高的标准而不动摇，然后用恭敬的态度来指导，以忠信来贯通，小心谨慎地体现，端正诚实地捍卫，尽管困厄的时候也尽力反复强调它；君主尽管不了解、重用自己，也没有怨恨的心情；功劳尽管很大，也没有夸奖的表情；要求少而功劳多，尊敬君主永不厌倦。像这样，那就永远没有不顺利的时候了。用它来侍奉君主就必定会通达，用它来做人就必定会圣明，这就称为走遍天下都能行得通的办法。

年轻的侍奉年长的，卑下的侍奉高贵的，不贤的服侍贤能的，这是通行于天下的普遍准则。有的人，所处的地位不在别人之上，却以处在别人之下为耻辱，这是奸恶的人的想法。思想上没有除去邪念，行动上就没办法偏离邪道，却想要享有君子、圣人的声望，拿这种情况来打个比方，这就如同是趴在地上却想要用舌头去舔天，救助上吊的人却去拉他的脚一样。这种做法是必定行不通的，越是用力这样做就会离目标越远。因此，君子应当学会随机应变，在时势需要自己屈从忍耐时就屈从忍耐，在时势允许自己施展抱负时就去施展抱负。

儒效

第八

大儒之效：武王崩，成王幼，周公屏①成王而及武王以属天下，恶天下之倍周也。履天子之籍，听天下之断，偃然如固有之，而天下不称贪焉；杀管叔，虚殷国，而天下不称戾焉；兼制天下，立七十一国，姬姓独居五十三人，而天下不称偏焉。教诲开导成王，使谕于道，而能掩迹于文、武。周公归周，反籍于成王，而天下不辍事周，然而周公北面而朝之。天子也者，不可以少当也，不可以假摄为也。能则天下归之，不能则天下去之。是以周公屏成王而及武王以属天下，恶天下之离周也。成王冠，成人，周公归周，反籍焉，明不灭主之义也。周公无天下矣，乡有天下，今无天下，非擅也；成王乡无天下，今有天下，非夺也；变势次序节然也。故以枝代主而非越也，以弟诛兄而非暴也，君臣易位而非不顺也。因天下之和，遂文武之业，明枝主之义，抑亦变化矣，天下厌然犹一也。非圣人莫之能为。夫是之谓大儒之效。

秦昭王问孙卿子曰：『儒无益于人之国？』

孙卿子曰：『儒者，法先王隆礼义，谨乎臣子而致贵其上者也。人主用之，则势在本朝而宜；不用，则退编百姓而悫；必为顺下矣。虽穷困冻馁②，必不以邪道为贪；无置锥之地而明于持社稷之大义；呜呼而莫之能应，然而通乎财万物，养百姓之经纪。势在人上，则王公之材也；在人下，则社稷之臣，国君之宝也。虽隐于穷阎漏屋，人莫不贵之，道诚存也。

『仲尼将为司寇，沈犹氏不敢朝饮其羊，公慎氏出其妻，慎溃氏逾境而徙，鲁之粥牛马者不豫贾，必蚤正以待之也。居于阙党，阙党之子弟罔不分，有亲者取多，孝弟以化之也。

『儒者在本朝则美政，在下位则美俗。儒之为人下如是矣。』

【注释】

①屏（bǐng）：庇护。

②馁：同『馁』，饥饿。

【译文】

大儒所起的作用：周武王驾崩时，周成王还年小，周公旦替代成王执政以继承武王治理天下，他担忧天下人背叛周王朝。他登上了天子的宝座，决断天下的大事，心安理得地似乎天下本来就属于他的一样，但天下人却不讲他贪婪；他诛杀管叔，使殷商国都变成废墟，但天下人却不骂他残暴；他全面统治天下，设立了七十一个诸侯国家，其间姬姓诸侯就占到五十三个，但天下人却不说他偏心。他教诲并引导成王，使成王知晓礼义之道，从而沿着周文王、周武王的足迹继续前进。周公旦把周王朝的天下和王位送还给成王，而天下人没有停止朝贡周王朝，周公旦依然当臣子，北面而朝拜周成王。天子这个位置，不能够让年轻的人执掌，也不能够由别人代理行使。有力量担任这个重任，天下的人就会归顺他；没力量担任这个重任，天下的人就会背离他。所以，周公旦代替成王执政以继承武王统治天下，他担忧天下人背离周王朝。周成王行冠礼，已经成人，周公旦就把周王朝的天下和王位送还给他，以说明自己不灭弃嫡长子的道义。这样周公旦就失去了统治天下的权力，他过去拥有天下，现在没有了天下，这不是禅让；周成王原来没有天下，现在有了天下，这也并非篡夺；这是君权更替的法定次序，受礼法制约而理应这样。故而，周公旦以旁支的身份代替嫡长子统治天下，并不是超越本分，以弟弟而诛杀兄长管叔也不算是残暴，君臣交换了位置也不算不顺。周公旦是靠着天下人的同心合力，完成了周文王、周武王未竟的大业，表明了庶子和嫡长子间的不可更改的关系准则，即使有所变化，但天下安安稳稳地始终如一。这是除了圣人没有谁可以做到的，这就能够称之为是大儒所起的作用。

秦昭王询问荀子：『儒者对于国家没有什么益处吧？』

荀子答复：『儒者是学习古代帝王、尊崇礼义、谨守自己的职位而且极其敬重他们君主的人。君主要是任用他们，那么他们就会在朝堂有立足之地，而且能够合宜地使用自己的权势；要是不任用他们，那么他们就退出官列重新归入百姓的行列从而老实地做人；无论怎样，他们一定是恭顺的臣民。就算他们贫穷困顿、受冻挨饿，也必定不会采取不正当的手段去谋取财利；就算没有立足的地方，也知道维护国家的大义；就算他们大声呼喊没有人响应，但是他们通晓统治万物、养育民众的纲纪。要是他们的地位权势在别人之上，那他们便是做天子、诸侯的人才；要是他们的地位、权势在别人之下，那他们便是国家的贤臣、君主的宝贵财富。就算他们隐居在偏僻里巷的简陋的破房子中，也没有人不尊敬他们，因为在他们手中真的掌握着治国之道。

『孔子将要就任鲁国司寇的时候，沈犹氏再也不敢在卖羊的当天早上把自己的羊饮饱了，公慎氏把他淫乱的妻子休弃了，荒淫的慎溃氏逃出国境，鲁国卖牛马的也不再虚定高价了，这些道德不好的人必先修正以等待孔子。孔子住在阙里的时候，阙里的子弟一定会将捕获的鱼兽分给那里的百姓，有父母亲的人家就多分一些，之所以如此做，是由于孔子用孝悌的道理把他们感化了。

『儒者在朝堂做官，就能美化朝政；在下面做老百姓，就可以美化风俗。儒者做臣民时就是如此的情况啊。』

王曰：『然则其为人上何如？』孙卿曰：『其为人上也，广大矣，志意定乎内，礼节修乎朝，法则度量正乎官，忠信爱利形乎下，行一不义，杀一无罪，而得天下，不为也。此君义信乎人矣。通于四海，则天下应之如讙。是何也？则贵名白而天下治也。故近者歌讴而乐之，远者竭蹶而趋之。四海之内若一家，通达之属，莫不从服。夫是之谓人师。诗曰：「自西自东，自南自北，无思不服」此之谓也。夫其为人下也，如彼；其为人也，如此；何谓其无益于人之国也！」昭王曰：『善！』

先王之道，仁之隆也，比中而行之。曷谓中？曰：礼义是也。道者，非天之道，非地之道，人之所以道也，君子之所道也。

君子之所谓贤者，非能遍能人之所能之谓也；君子之所谓知者，非能遍知人所知之谓也；君子之所谓辩者，非能遍辩人之所辩之谓也；君子之所谓察者，非能遍察人之所察之谓也；有所正矣。相高下，视垝肥，序五种，君子不如农人；通财货，相美恶，辨贵贱，君子不如贾人；设规矩，陈绳墨，便备用，君子不如工人。不恤是非然不然之情，以相荐撙，以相耻怍，君子不若惠施、邓析。若夫谪①德而定次，量能而授官，使贤不肖皆得其位，能不能皆得其官，万物得其宜，事变得其应，慎、墨不得进其谈，惠施、邓析不敢窜其察，言必当理，事必当务，是然后君子之所长也。

凡事行，有益于理者，立之；无益于理者，废之：夫是之谓中事。凡知说，有益于理者，为之；无益于理者，舍之：夫是之谓中说。事行失中谓之奸事，知说失中谓之奸道。奸事、奸道，治世之所弃，而乱世之所从服也。若夫充虚之相施易也，『坚白』『同异』之分隔也，是聪耳之所不能听也，明目之所不能见也，辩士之所不能言也，虽有圣人之知，未能偻②指也。不知，无害为君子；知之，无损为小人。工匠不知，无害为巧；君子不知，无害为治。王公好之则乱法，百姓好之则乱事。而狂惑、戆陋之人，乃始率其群徒，辩其谈说，明其辟称，老身长子，不知恶也。夫是之谓上愚，曾不知好相鸡狗之可以为名也。《诗》曰：『为鬼为蜮，则不可得！有靦面目，视人罔极。作此好歌，以极反侧。』此之谓也。

【注释】

①谪：同『商』，评估。

②偻：通『屡』，快速。

【译文】

昭王说：『这样儒者位居他人的上面，又会如何呢？』孙卿说：『他们位居他人之上，作用就大了。他心中意志坚定，用礼节整治朝廷，用各种规章制度纠正官府的错误，使忠信爱利表现在百姓中。哪怕是做一件不义的事，杀一个无罪的人而能够得到天下，儒者也是不会干的。如此，他的道义被百姓所相信，而且传遍四海，天下人响应他就像齐声回答一样。这是为什么呢？由于他的尊贵的名声显赫，天下的人都崇敬。故而近处的人都歌颂他喜欢他，远方的人都千辛万苦来投奔他。四海之内就像一家，车船所到，人迹所至的地方，无有不服从的。这就叫作人的表率。《诗经·大雅·文王有声》写道：「从西到东，从南到北，没有不顺从的。」说的便是这种人。儒者位居他人之下时，是前头所说的那种情况，位居他人之上时，便是刚才所说的这种情况。如何能说他对于人们的国家无益呢。』昭王说：『对。』

先王之道，是仁的最高体现，他是依顺着中正之道来做的。什么叫作中正之道呢？答复说：礼义就是中正之道。道，不是指天体的运行规律，也不是指地壳的变化规律，而是指人们所遵行的礼义法则，君子所遵循的原则。

君子所说的贤，并不是他可以做人们所能做到的一切；君子所讲的智，并不是他能清楚人们所知道的一切；君子所讲的辩，也不是他能论辩人们所能论辩的一切；君子所讲的察，也不是他能观察人们所能观察的全部。君子的能力也是有一定限度的。观察地势的高矮，识别土地的肥瘠，安排庄稼的种植顺序，君子不如农民；流通货物，分别好坏，辨别贵贱，君子比不上商人；使用规矩，弹画墨线，完备器具，君子比不上工匠；不体恤是非、对错的情况，互相贬抑，互相污辱，君子不如惠施、邓析。要是评估德行确定次序，衡量才可以授予官职，使贤与不贤各得其位，才与不才皆得其官，一切各得其宜，突发事变都得到适当的处理，慎到、墨翟不能推出他们的高论，惠施、邓析不敢讲说他们的诡辩，说话必然符合道理，做事一定符合要求，这些才是君子所擅长的。

做事行动，但凡为有益于社会平治的，就树立它；但凡为不利于社会平治的，就废止它。这就称为正确的立场。知识学说，但凡为对社会平治有益的，就实行它；但凡为不利于社会平治的，就丢弃它。这就称为正确的学说。做事、行为不正，称为奸事。知识学说不正，称为奸说。奸事、奸说是平治的社会所抛弃的，却被昏乱的社会所崇尚。至于世间万物虚与实的互相转化，『离坚白』『合同异』命题的分析，是聪敏的耳朵所不可以听的，是明亮的眼睛所不可以看的，是善辩的人所不可以说的。就算有圣人的智慧，也不可以很快地将它一一说清。不懂得这些，不影响一个人成为君子；懂得这些，也不能阻拦一个人成为小人。工匠不懂这些，不影响他们的技巧；君子不懂这些，不影响他们治理国家。王公大臣们喜欢这些，就会乱了法律；老百姓喜欢这些，就会乱了他们的工作。而那些狂妄糊涂、愚蠢呆笨的人，却一天到晚要带领他们的徒众，四处辩说他们的论说，阐述他们的譬喻引证，人老了，儿子也长大了，还不晓得厌恶。这称为最愚蠢的人。他们的名声甚至还比不上为鸡狗治病的人。《诗经·小雅·何人斯》讲到：『你为鬼，你作怪，看不清你的真样子。你不知羞耻，与人相距没有距离。我作这支善意的歌，来劝告你这反复无常的人。』说的便是这样一些人。

我欲贱而贵，愚而智，贫而富，可乎？

曰：其唯学乎。彼学者：行之，曰士也；敦慕[1]焉，君子也；知之，圣人也。上为圣人，下为士、君子，孰禁我哉？乡也，混然涂之人也，俄而并乎尧、禹，岂不贱而贵矣哉？乡也，效门室之辨，混然曾不能决也，俄而原仁义，分是非，图回天下于掌上而辨白黑，岂不愚而知矣哉？乡也，胥靡之人，俄而治天下之大器举在此，岂不贫而富矣哉？今有人于此，屑然藏千溢之宝，虽行贷而食，人谓之富矣。彼宝也者，衣之，不可衣也；食之，不可食也；卖之，不可偻售也。然而人谓之富，何也？岂不大富之器诚在此也？是杅杅亦富人已，岂不贫而富矣哉？

故君子无爵而贵，无禄而富，不言而信，不怒而威，穷处而荣，独居而乐，岂不至尊、至富、至重、至严之情举积此哉？故曰：贵名不可以比周争也，不可以夸诞有也，不可以势重胁也，必将诚此然后就也。争之则失，让之则至；遵道则积，夸诞则虚。故君子务修其内而让之于外，务积德于身而处之以遵道。如是，则贵名起之如日月，天下应之如雷霆。故曰：君子隐而显，微而明，辞让而胜。《诗》曰：『鹤鸣于九皋，声闻于天。』此之谓也。

鄙夫反是：比周而誉[2]俞少，鄙争而名愈辱，烦劳以求安利其身俞危。《诗》曰：『民之无良，相怨一方。受爵不让，至于己斯亡。』此之谓也。

【注释】

①敦慕：指勤勉、努力地学习。

②誉：即『与』，亲近。

【译文】

我想由卑贱变得高贵，由愚蠢变得聪明，由贫穷变得富有，可以吗？回答说：只有学习吧！那些学习的人，将学到的东西付诸行动，就叫作士；勤勉努力，就是君子；通晓它，就是圣人。上可以为圣人，下可以为士君子，谁能阻止我呢！从前，一无所知的是乡村百姓，忽然间能与尧、禹相比，难道不是由卑贱变得高贵了吗？从前，考察门外与门内的事情，也茫然不能决断，忽然间能探讨仁义的本源，分清是非，运转天下于手掌之中就像辨别黑白，难道不是由愚蠢变得聪明了吗？从前，是个一无所有的人，忽然间治理天下的大权握在了手中，难道不是由贫穷变得富有了吗？现在有这么一个人，他零碎地藏着价值千金的珠宝，即使靠讨饭生活，人们还是说他富有。那些珠宝，穿又不能穿，吃又不能吃，卖掉吧又不能很快地出售，然而人们说他富有，为什么呢？难道不是珍贵的珠宝的确在他这儿呢？那知识渊博也是富人了，难道不是由贫穷变得富有了吗？

故而，君子没有爵位也尊贵，没有俸禄也富有，不用讲话就被信任，不用发怒就威严；处境贫困也荣耀，孤独地住着也欢喜，难道不是因为那最尊贵、最富有、最庄重、最威严的东西，事实上都聚集在学习过程中了吗？故而说，尊贵的名声不能靠拉帮结派来获得，不能靠自夸吹牛来获得，不能靠权势地位来获得，一定要真正地在学习上下功夫才能获取。争夺名誉就会失去名誉，遇事谦让就会得到名誉；遵循礼义便是积累财富，自夸吹牛便会落得一场空。故而，君子致力于自己内在的思想修为而行动上谦虚辞让，致力于自身的道德积累而在生活中一切都遵循礼义。如此的话，尊贵的名声就会像太阳月亮那般冉冉升起，人们响应他就会像雷声那般一鸣天下知。故而说，君子们默默隐居也显赫，地位低下也荣耀，遇事退让却总能胜人一筹。《诗经》上说：『鹤于九泽一声叫，九霄云外也听闻。』说的便是这个道理。

鄙贱的人就与此不同：他们结党营私，但亲近的人却越来越少；他们用不正当的手段与人争夺，而名声却遭到越来越多的侮辱；他们苦苦地追求安逸与利益，而自身的处境却越来越危险。《诗经·小雅·角弓》说：『那种人不善良，总是抱怨对方，接到爵位毫不谦让，终有一天自己要遭殃。』说的便是这种人。

故能小而事大，辟之是犹力之少而任重也，舍粹折无适也。身不肖而诬贤，是犹伛伸而好升高也，指其顶者愈众。故明主谲德而序位，所以为不乱也；忠臣诚能然后敢受职，所以为不穷也。分不乱于上，能不穷于下，治辩①之极也。《诗》曰：『平平左右，亦是率从。』是言上下之交不相乱也。

以从俗为善，以货财为宝，以养生为己至道，是民德也。行法至坚，不以私欲乱所闻，如是，则可谓劲士矣。行法至坚，好修正其所闻，以矫饰其情性；其言多当矣，而未谕也；其行多当矣，而未安也；其知虑多当矣，而未周密也；上则能大其所隆，下则能开道不已若者。如是，则可谓笃厚君子矣。修百王之法，若辨白黑；应当时之变，若数一二；行礼要节而安之，若生四枝；要时立功之巧，若诏四时；平正和民之善，亿万之众而博若一人：如是，则可谓圣人矣。

井井兮其有理也，严严兮其能敬己也，分分兮其有终始也，猒猒兮其能长久也，乐乐兮其执道不殆也，炤炤兮其用知之明也，修修兮其用统类之行也，绥绥②兮其有文章也，熙熙兮其乐人之臧也，隐隐兮其恐人之不当也。如是，则可谓圣人矣。

此其道出乎一。曷谓一？曰：执神③而固。曷谓神？曰：尽善挟④治之谓神，方物莫足以倾之之谓固，神固之谓圣人。

【注释】

①辩：通『辨』（办），治理。

②绥绥：安然自若。

③神：这里指翔实而完备的治国方法。

④挟：通『浃』，周到，完善。

【译文】

故而能力小而去做大事，就好像是力气小而担子重，只有伤筋断骨，也就没有别的下场了。自己不贤却妄称贤能，这就如同驼背却爱好升高一样，指着他的头顶而笑话他的人就会越多。故而英明的君主评定各人的德行来安排官职，是为了防止混乱；忠诚的臣子真的有能力胜任，之后才敢接受官职，是为了不使自己陷入困境。君主安排的职位不混乱，大臣有才能胜任而不至于陷入困境，这是政治的最高境界了。《诗经》上说：『身边臣子很能干，听从君命不违反。』这就是说君上和臣下的交往不相互错乱。

把顺从习俗当作美德，把货物钱财看得很重要，把保养自己的身体当作最高的道德，这是老百姓的德行。行为合乎法度且至为坚定不改，不由于个人的欲望冲动而扰乱视听，这就能够称之为有力量的士人了。行为合乎法度且非常坚定不移，爱好修正自己所听到的道理以矫正自己的性情；他的言论大多恰当但还没有完全明白，他的行为大多恰当但还没有完全稳妥，他的思考大多恰当但还不够周密；上能发扬光大崇高的礼义，下能引导不如自己的人，如此，就可以说他是忠诚厚道的君子了。效法历代众多帝王的法度可以黑白分明，应付时势的变化就像数一二那般容易，奉行礼法遵循礼节已经习以为常到像伸展四肢那般地运用自如，抓住时机建功立业的技巧像预告四季那般准确，处理政事协调百姓的妥善可以使亿万群众团结得像一个人一样，如此，就能够称他为圣人了。

做事井然有序、有条不紊，看起来威风凛凛，如此能使自己不会得到别人的侵犯。做事坚定不移，有始有终，对自己的日子心满意足，故而能得到长久的安稳。满腔热忱，坚持道义不懈怠，使用智慧洞察一切，多英明啊，一丝不苟，实施礼法并严格遵行礼法，安泰自若，掌握礼义制度有根有据，温和快乐，爱好别人的美好言行，忧心忡忡，担心别人的行为违反礼义。可以做到这样的人就可以称得上圣人了。

此种圣人的道德品质产生于专一。什么叫作专一？便是：保持神明与稳固。什么叫作神明与稳固？回答是：能使天下尽善尽美通体皆治称为神明，世间的一切都不可以使它倾斜称为稳固。做到了神妙与稳固就称为圣人。

圣人也者，道之管也。天下之道管是矣，百王之道一是矣，故《诗》《书》《礼》《乐》之归是矣。《诗》言是其志也，《书》言是其事也，《礼》言是其行也，《乐》言是其和也，《春秋》言是其微也。故《风》所以为不逐者，取是以节之也；《小雅》之所以为小雅者，取是而文之也；《大雅》之所以为大雅者，取是而光①之也；《颂》之所以为至者，取是而通之也，天下之道毕是矣。乡是者臧，倍是者亡。乡是如不臧，倍是如不亡者，自古及今，未尝有也。

客有道曰：『孔子曰：「周公其盛乎！身贵而愈恭，家富而愈俭，胜敌而愈戒。」』

应之曰：『是殆非周公之行，非孔子之言也。武王崩，成王幼，周公屏成王而及武王，履天下之籍，负扆而坐，诸侯趋走堂下，当是时也，夫又谁为恭矣哉！兼制天下，立七十一国，姬姓独居五十三人焉，周之子孙苟不狂惑者，莫不为天下之显诸侯。孰谓周公俭哉！武王之诛纣也，行之日以兵忌，东面而迎太岁，至汜而泛，至怀而坏，至共头而山隧。霍叔惧曰：「出三日而五灾至，无及不可乎！」周公曰：「刳比干而囚箕子，飞廉、恶来知政，夫又恶②有不可焉！」遂选马而进，朝食于戚，暮宿于百泉，厌旦于牧之野。鼓之而纣卒易乡，遂乘殷人而诛纣。盖杀者非周人，因殷人也。故无首虏之获，无蹈难之赏，反而定三革，偃五兵，合天下，立声乐。于是《武》《象》起而《韶》《護》废矣。四海之内，莫不变心易虑以化顺之。故外阖不闭，跨天下而无蕲。当是时也，夫又谁为戒矣哉！』

造父者，天下之善御者也，无舆马则无所见其能；羿者，天下之善射者也，无弓矢则无所见其巧；大儒者，善调一天下者也，无百里之地则无所见其功。舆固马选矣，而不能以至远、一日而千里，则非造父也；弓调矢直矣，而不能以射远、中微，则非羿也；用百里之地，而不能以调一天下、制强暴，则非大儒也。

【注释】

①光：通『广』，推广，普及。

②恶：怎么。

【译文】

圣人，是思想原则的枢纽。天下的思想原则都汇集在他这儿了，历代圣王的思想原则也汇集在他这里了，故而《诗》《书》《礼》《乐》也都归属到他这里了。《诗》所讲的是圣人的意志，《书》所讲的是圣人的政事，《礼》所讲的是圣人的行为，《乐》所讲的是圣人的和谐心情，《春秋》所讲的是圣人的微言大义。因此，《国风》之所以不失于流荡的作品，是由于用道来节制它的原因；《小雅》之所以为小雅，是由于用道去润饰它的原因；《大雅》之所以为大雅，是由于用道去发扬光大它的原因；《颂》之所以成为登峰造极的作品，是原有用道去贯通它的原因。天下的道义全在此处了。顺从道义的就会有好结果，背离道义的就会灭亡。循着道义而没有好结果、背弃道义而不灭亡的，从古到今，还不曾有过。

有个人说：『孔子说：「周公能够算得上是圣人了！他身份高贵而愈加谦逊有礼，家里富裕而愈加节约俭朴，战胜了敌人而愈加戒备警惕。」』

答复：『这大概不是周公的做法，也不是孔子的言语。武王驾崩时，成王还很年幼，周公保护成王而继承王位，登上了天子的位置，背靠屏风而立，诸侯在堂下有礼貌地小步快跑前来觐见。在这个时候，他又对谁谦让有礼了呢？他全面控制了天下，分设了七十一个诸侯国，其中姬姓诸侯就单独拥有了五十三个；周族的子孙，但凡不是发疯糊涂的人，无不成了天下显贵的诸侯。谁说周公谦让节俭呢？武王征讨纣王的时候，出发的时期是兵家禁忌的日子，向东进军，冲犯了太岁，抵达汜水时河水泛滥，抵达怀城时城墙倒塌，抵达共头山时山岩崩落。霍叔恐惧地说：「出兵三日已遇到了五次灾害，恐怕不可以吧？」周公说：「纣王将比干剖腹挖心，还囚禁了箕子，奸臣飞廉、恶来掌权，又有什么不能够呢？」于是挑选了良马继续前行，早晨在戚地吃饭，晚上在百泉宿营，第二天清晨来到牧地的郊野。战鼓一响，纣王的军队就掉转方向倒戈起义了，这样就凭借殷人的力量而诛杀了纣王。原来杀纣王的并非周国的人，而是依靠了殷人，故而周国的将士没有斩获的首级和俘虏的缴获，也没有由于冲锋陷阵而获得奖赏。周国的军队回去之后不再动用铠甲、头盔与盾牌，放下了各种武器，统一天下，创作了乐曲，从此《武》《象》兴起而《韶》《護》被废置了。在四海之内，无不改变思想，因为这种教化而顺从周王朝。故而，外户不闭，走遍天下也没有什么界限。在这个时候，他又警戒谁呢？」

造父这个人，是周穆王时天下最擅长驾驭车马的人，但无车马就不能显示他的技能；后羿这个人，是夏代天下最擅长射箭的人，但无弓箭就不能显示他的技巧；大儒士，是擅长治理统一天下的人，但无百里的国土就不能显示他的功用。如若车子坚固马也精良，却不能用它行路抵达远方，日行千里，那就并非造父了；如若弓弦调好箭杆笔直，却不可以用它去射远处的东西，命中很小的靶子，那就不是后羿了；要是统辖百里国土，却不能用它治理一统天下，制服强暴，那就并非大儒士了。

彼大儒者，虽隐于穷阎漏屋，无置锥之地，而王公不能与之争名；用百里之地，而千里之国莫能与之争胜；笞棰暴国，齐一天下，而莫能倾也。是大儒之征也。其言有类，其行有礼，其举事无悔，其持险、应变曲当；与时迁徙，与世偃仰，千举万变，其道一也。是大儒之稽也。其穷也，俗儒笑之；其通也，英杰化之，嵬琐逃之，邪说畏之，众人愧之。通则一天下，穷则独立贵名。天不能死，地不能埋，桀、跖之世不能污，非大儒莫之能立，仲尼、子弓是也。

故有俗人者，有俗儒者，有雅[1]儒者，有大儒者。

不学问，无正义，以富利为隆，是俗人者也。

逢衣浅带，解果其冠，略法先王而足乱世；术缪学杂，不知法后王而一制度，不知隆礼义而杀诗书；其衣冠行伪已同于世俗矣，然而不知恶者；其言议谈说已无异于墨子矣，然而明不能别；呼先王以欺愚者而求衣食焉，得委积足以掩其口，则扬扬如也；随其长子，事其便辟，举其上客，億然若终身之虏而不敢有他志，是俗儒者也。

法后王，一制度，隆礼义而杀诗书；其言行已有大法矣，然而明不能齐[2]法教之所不及，闻见之所未至，则知不能类也；知之曰知之，不知曰不知，内不自以诬，外不自以欺，以是尊贤畏法，而不敢怠傲，是雅儒者也。

法后王，统礼义，一制度，以浅持博，以今持古，以一持万，苟仁义之类也，虽在鸟兽之中，若别白黑；倚物怪变，所未尝闻也，所未尝见也，卒然起一方，则举统类而应之，无所疑怍，张法而度之，则晻然若合符节，是大儒者也。

故人主用俗人，则万乘之国亡；用俗儒，则万乘之国存；用雅儒，则千乘之国安；用大儒，则百里之地久，而后三年，天下为一，诸侯为臣；用万乘之国，则举错而定，一朝而伯。

【注释】

①雅：正。

②齐：通『济』，补救。

【译文】

那些伟大的儒者，就算隐居在偏僻的里巷与狭小简陋的房屋中，贫无立锥之地，但天子诸侯也没有办法和他竞争名望；就算他只是处在一个大夫的职位上，但不是一个诸侯国的国君所能单单任用的，不是一个诸侯国所能独自容纳的，他的盛名超过诸侯，各国诸侯无不希望让他来当自己的臣子；他统辖百里见方的封地，那千里见方的国家也就没有哪一个可以与他争胜的；他惩治强暴的国家，统一天下，也没有谁能撼动他。这就是伟大的儒者所具有的特点。他的言论合乎法度，他的行为合乎礼义，他做事没有因失误而引起悔恨，他扶持危险的局面、应付突发的事变处处都十分恰当；他顺应时世，因时制宜，就算采取上千种措施，遇到上万次变化，但他奉行的原则是终究不变的。这是伟大的儒者的考核准则。当他穷困潦倒的时候，庸俗的儒者嘲笑他；他显达得志的时候，英雄豪杰都受到他的感化，怪诞鄙陋的人都远离他，持异端邪说的人都惧怕他，一般百姓都愧对他。他得志了就统一天下，不得志就自己树立高贵的名声。上天不能使他消亡，大地不能把他掩埋，桀、跖的世道不能侮辱他。不是伟大的儒者就没有谁能如此立身处世，仲尼、子弓就是如此的人。

有庸俗的凡夫，有庸俗的儒，有高雅的儒，有大儒。

不学不问，不讲正义，以获得财富私利为最高标准，这是庸俗的人。

穿着宽衣阔带，头戴像果皮一般裂开的帽子，稍稍效法先王而足可扰乱当世；荒谬地学习，混乱地处事，不晓得效法后王而统一制度，不晓得推崇礼义而又把《诗》《书》置于次等地位；他的穿戴做法已经与社会流俗一样了，但又不知讨厌这一套；他的言谈议论已经没有什么不同于墨子的话语了，但又不能清楚辨别；他赞美先王来欺骗愚昧的人而获得衣食，得到人家一点积蓄可以糊口，就扬扬得意了；跟着君主的太子，侍奉君主的宠幸小臣，赞美君主的贵客，提心吊胆好像终身奴隶而不敢有其他想法，这是庸俗的儒。

学习后王，统一制度，崇尚礼义却把《诗》《书》置于次等地位；他的言论行为已符合基本准则，但他的智慧却不能弥补法教所未涉及的、视听所未抵达的，即他的才能还不能触类旁通；知道就称知道，不知道就称不知道，内不自欺，外不欺人，靠这个来尊重贤人、敬畏法令而不敢懈怠傲慢，这是高雅的儒。

学习后王，以礼义为纲，统一制度，以不多的见闻掌握广博的知识，以古代的经验掌握今天的情况，以一件事的情况掌握万件事物；如果是合于仁义的事情，即便存在于鸟兽当中，也像分辨黑白一样容易；奇特的事物和怪异的变化，就算是从未听见过的，从未看到过的，忽然在什么地方发生，也可以应付自如而不会疑惑不解；衡量以礼法，就好像符节相合一样，这便是大儒。

故而，君主要是任用庸俗的人，就算是拥有万辆兵车的国家也会灭亡。如果任用庸俗的儒，那拥有万辆兵车的国家就能存活。要是任用雅正的儒，就算只有千辆兵车的国家也能安定。要是任用大儒，就算是百里的国家也能长久，并且三年之后，天下就可以统一，诸侯就会成为臣子；如果是治理拥有万辆兵车的大国，那么一采取措施就能稳定天下，一个早上就会称霸。

不闻不若闻之，闻之不若见之，见之不若知之，知之不若行之。学至于行之而止矣。行之明也，明之为圣人。圣人也者，本仁义，当是非，齐言行，不失毫厘。无他故焉，已呼行之矣。故闻之而不见，虽博必谬。见之而不知，虽识必妄。知之而不行，虽敦必困。不闻不见，则虽当非仁也，其道百举而百陷也。

敌人无师无法而知，则必为盗，勇则必为贼，云能，则必为乱，察则必为怪，辩则必为诞。人有师法而知，则速通，勇则速威，云能则速成，察则速尽，辩则速论。故有师法者，人之大宝也；无师法者，人之大殃也。

人无师法，则隆性矣；有师法，则隆积矣；而师法者，所得乎情，非所受乎性，不足以独立而治。性也者，吾所不能为也，然而可化也；情也者，非吾所有也，然而可为也。注错习俗，所以化性也；并一而不二，所以成积也。习俗移志，安久移质；并一而不二，则通于神明，参[1]于天地矣。

故积土而为山，积水而为海，旦暮积谓之岁；至高谓之天，至下谓之地，宇中六指谓之极。涂之人百姓积善而全尽谓之圣人。彼求之而后得，为之而后成，积之而后高，尽之而后圣。故圣人也者，人之所积也。

人积耨耕而为农夫，积斲削而为工匠，积反货而为商贾，积礼义而为君子。工匠之子莫不继事，而都国之民安习其服。居楚而楚，居越而越，居夏而夏。是非天性也，积靡[2]使然也。

故人知谨注错，慎习俗，大积靡，则为君子矣；纵性情而不足问学，则为小人矣。为君子则常安荣矣，为小人则常危辱矣。凡人莫不欲安荣而恶危辱，故唯君子能得其所好，小人则日徼其所恶。《诗》曰：『维此良人，弗求弗迪；维彼忍心，是顾是复。民之贪乱，宁为荼毒？』此之谓也。

【注释】

①参：并列。

②靡（mó）：通『摩』，接触，指受外力的影响。

【译文】

没有听到比不上听到，听到比不上见到，见到比不上了解到，了解到比不上应用到。学习达到应用就是抵达了顶点。能应用，就是透彻地清楚了事理。透彻地清楚了事理就是圣人。所谓圣人，能以仁义为根本，合适地判断是非，言行一致，不出现丝毫的差错。这没有别的道理，终究在于能使用习到的东西。故而只听不见，即使听到的很广博，但一定有谬误；见到了而不真正了解，即使有所认识也必定有错误；了解了但不运用，即使了解的内容充实也必定感到困惑。没有听到，没有看见，就算做对了，也不符合仁，这种方法办事一百次就会有一百次的失败。

故而一个人没有师长没有法度而有智慧，那一定会做出盗贼的事。他勇敢就一定会成为贼寇，有才能一定会为非作乱，明察一定会兴妖作怪，善辩一定会妄诞邪僻。一个人要是有师长有法度而又有智慧，就会很快地通达显赫。他勇敢就一定迅速地树立权威，有能力就会很快地获得成功，明察就可以很快地穷尽事理，善辩就可以很快地决断疑难。故而，有师长有准则，是人的最大财富；没有师长没有准则，是人的最大的灾难。

人如果没有老师的教育，不懂法度，就会任性胡为；有了老师的教授，懂了法度，就会看重后天的学习的积累；而老师、法度，是从后天的学习中获得的，并不是由先天的本性获得的，故而不能够独立地得到完善。本性，是我们所不能选择的，却能够通过教育来改变；学习的积累，不是我们天生就有的，却能够通过后天加以造就。人的生活方式还有习惯风俗，是能够改变本性的；专心致志地学习而不三心二意，是用来形成知识积累的。风俗习惯能改掉人的思想，保有一种习俗的时间长了就会改掉人的本质；学习时专心致志而不三心二意，就能通于神明，与天地相共存了。

故而积土成山，积水成海，夜与昼积累起来就叫作年。最高的叫天，最低的称地，宇宙最边远的六方叫作极。普普通通的人，积善到全尽的程度就称为圣人。人们要追求才获得向往的东西，要行动才能获得成功，要积累才能提高，达到完美的程度称为圣人。故而，圣人，就是人们长期积累美德而成的。

人们积累耕耘的经验作为农夫，积累砍削的经验作为工匠，积累贩货的经验作为商人，积累礼义的经验作为君子。工匠的儿子无不继承父辈的事业，都市的百姓都安稳地习惯于他们的职业。住在楚国就习惯楚的风俗，住在越国就习惯越的风俗，住在夏地就习惯夏地的风俗，这不是天性，而是长期的磨炼使他们如此。

故而人们要是懂得谨守举止，慎重地对待习俗，重视长期的磨炼，就能够成为君子。放纵性情而不去充分地学习，就成为小人。成为君子就经常得到安乐和光荣，成为小人就经常遭到危难和耻辱。所有的人，没有不希望安乐光荣而厌恶危难耻辱的。故而，只有君子才能获得自己所喜好的，而小人每天都会招来自己所厌恶的。《诗经·大雅·桑柔》说：『有如此善良的人，你不寻求也不任用；对那些心地狠毒的人，却反复顾惜庇护。民众图谋造反，谁甘受此蹂躏。』说的便是这种情况。

人论：志不免于曲私，而冀人之以己为公也；行不免于污漫，而冀人之以己为修也；其愚陋沟瞀①，而冀人之以己为知也，是众人也。志忍私然后能公，行忍情性然后能修，知而好问然后能才，公、修而才，可谓小儒矣。志安公，行安修，知通统类，如是则可谓大儒矣。大儒者，天子三公也；小儒者，诸侯士大夫也；众人者，工、农、商贾也。礼者，人主之所以为群臣寸、尺、寻、丈检式也。人伦尽矣。

君子言有坛宇，行有防表②，道有一隆。言道德之求，不下于安存；言志意之求，不下于士；言道德之求，不二后王。道过三代谓之荡，法二后王谓之不雅。高之，下之，小之，臣之，不外是矣，是君子之所以骋志意于坛宇宫廷也。故诸侯问政，不及安存，则不告也；匹夫问学，不及为士，则不教也；百家之说，不及后王，则不听也。夫是之谓君子言有坛宇，行有防表也。

【注释】

①沟瞀（mào）：浅陋无知。

②防表：标准。

【译文】

人的类别及等级分为：思想没有摆脱私心杂念，却想要别人觉得自己大公无私；行为没有摆脱污秽肮脏，却想要别人觉得自己品行美好；极其愚昧浅陋，却想要别人觉得自己聪慧明智。这样的人是普通的民众。思想上克制了私心，之后才能大公无私；行动上抑制了邪恶的本性，之后才能品行美好；聪明而又爱好请教他人，之后才能多才多艺。去私为公，行为美好又有才干，能够称为小儒了。思想上习惯于公正无私，行动上习惯于善良，智慧可以精通礼仪，像如此的就是大儒了。大儒，能够担任天子的三公；小儒，能够当诸侯的大夫或士；民众，只能当工匠、农夫、商人。礼仪，是君主用来判定群臣等级的标准，人的关系伦常也就在当中了。

君子说话有一定的限度，行为有一定的准则，言论与行动的根本准则是有所推崇的。讲到政治方面的要求，那就是不能低于关系到国家安危存亡的问题；讲到思想方面的要求，那就是不低于士的准则；讲到道德方面的要求，那便是不能背叛当代的帝王。言行的根本原则超过了夏、商、周三代就称为放荡荒诞，法度背离了当代的帝王就称为不正。使自己的主张或高、或低、或小、或大，不过都不能超越这个限度，这便是君子能在一定的限度、范围内使自己的思想驰骋无阻的原因啊。故而，诸侯询问政治方面的问题，要是不涉及国家的安危存亡，就没必要教导他；普通的人来向他请教问题，要是不涉及如何才能成为一个士，就不要教他；各家的学说，要是不涉及当代的君王，就不必听他的问题。这就称为君子说话有一定的限度，行动有一定的准则。

王制

第九

请问为政？曰：贤能不待次而举，罢①不能不待须而废，元恶不待教而诛，中庸民不待政而化。分未定也则有昭缪。虽王公士大夫之子孙，不能属于礼义，则归之庶人。虽庶人之子孙也，积文学，正身行，能属于礼义，则归之卿相士大夫。故奸言、奸说、奸事、奸能、遁逃反侧之民，职而教之，须而待之，勉之以庆赏，惩之以刑罚，安职则畜，不安职则弃。五疾，上收而养之，材而事之，官施而衣食之，兼覆无遗。才行反时者死无赦。夫是之谓天德，王者之政也。

听政之大分：以善至者待之以礼，以不善至者待之以刑。两者分别则贤不肖不杂，是非不乱。贤不肖不杂则英杰至，是非不乱则国家治。若是，名声日闻，天下愿，令行禁止，王者之事毕矣。

凡听，威严猛厉而不好假②道人，则下畏恐而不亲，周闭而不竭。若是，则大事殆乎弛，小事殆乎遂。和解调通，好假道人而无所凝止之，则奸言并至，尝试之说锋起。若是，则听大事烦，是又伤之也。

故法法而不议，则法之所不至者必废；职而不通，则职之所不及者必队。故法而议，职而通，无隐谋，无遗善，而百事无过，非君子莫能。故公平者，职之衡也；中和者，听之绳也。其有法者以法行，无法者以类举，听之尽也。偏党而无经，听之辟也。故有良法而乱者有之矣；有君子而乱者，自古及今，未尝闻也。传曰：『治生乎君子，乱生乎小人。』此之谓也。

【注释】

①罢（pí）：通『疲』，疲沓，没有德才。

②假：宽容。

【译文】

请问如何治理国家？答复道：对于有德有才的人，能够不依照级别次序而破格提拔；对于无德无能的人，不必有任何迟疑就能够马上罢免；对于那些罪魁祸首，无须教育就能够马上杀掉；对于一般的百姓，不靠行政手段而是对他们进行教育感化。在名分还没有确定的时候，就应当像宗庙有昭穆的分别一般来排列臣民的等级次序。就算是帝王公侯士大夫的子孙，要是不能顺从礼义，就把他们归入平民之列。就算是平民的子孙，要是积累了古代文化经学方面的知识，端正了自己的身心行为，能顺从礼义，就把他们列入卿相士大夫之列。对于那些散播邪恶的言论、鼓吹邪恶的学说、干邪恶的事情、有邪恶的才干、逃跑流窜、不守本分的人，就安排强迫性的工作并教育他们，给予一定的时间来等待他们改变；用奖赏去激励他们、用刑具去惩处他们；安心工作的就留用，不安心工作的就流放出去。对患有哑、聋、瘸、骨折、身材特别矮小这五种残疾的人，君主收留并抚养他们，根据才干来使用他们，依据职事安排供给他们吃穿，全部加以照管而不遗漏。对那些用能力和行为来反对现行制度的人，要坚决处死，决不赦免。这就称为最高的德行，是成就王业的圣王所采用的政治措施。

接受意见处理政事的要领是：对那些心怀美好的心意而来的人，就用礼节对待他；对那些心怀恶意而来的人，就要对他处以刑罚。只有把这两种情况区分开来，有德才的人和没有德才的人就不会混在一块儿，是非也就不会被弄得混淆不清。只有有德才的人和没有德才的人不被混杂在一块儿，英雄豪杰才会前来投靠于君主；要是是非不被混淆，国家就能得到很好的治理。要是能做到这样，名声就会一天天显赫起来，天下的人就会仰慕他，就能做到令行禁止，如此，王者的大业也就完成了。

普通来说，在朝廷上处理政事有如下几种情况：要是态度非常威武、严肃、凶猛、刚烈，不过不喜欢以宽容的态度顺从别人，那么做臣子的就会害怕他，不敢亲近他，就会隐瞒事情的真相而不把心里话全部说出来；要是如此做，那么大事恐怕会废弛，小事害怕会毁掉。要是对待别人一味随和，爱好以宽容的态度顺从别人，不过这些做法都没有一定的限度，那么奸诈邪恶的言论便会纷至沓来，各种试探性的话语就会蜂拥而起；要是这样做了，那么听到的事情就会又繁多又琐碎，这就会不利于政事的处理。故而，制定了法律而不公平地执行法律，那么法律没有涉及的地方就必定会被废弃。规定了各级官吏的职权范围，不过彼此之间并不沟通，后果便是职权范围没有涉及的地方就必定会遭到遗弃。

所以，制定了法律而又能秉公执法，规定了各级官员的职权范围而又能彼此相互沟通，那就不会有被隐藏起来的邪恶做法，不会有没有被发现的善良做法，从而可以保证各种工作不会出现失误。不是君子是做不到这些的。所依公正是处理政事的基本准则；宽严适当，是处理政事的准则。那些有法律依据的事情就依据法律来办理，没有法律依据能够遵循的事情就按照类推的办法来处理，这是处理政事的最好的办法。偏袒而没有原则，是处理政事的忌讳。所以，有了完善的法制，不过社会上还是会出现混乱的事情，这种现象是存在的；有了德才兼备的君子，不过还是出现动乱的国家，从古到今，还没有听说过。古书上讲：『国家的安危系于君子，国家的败乱出于小人。』说的便是这个道理。

分均则不偏，势齐则不壹，众齐则不使。有天有地而上下有差，明王始立而处国有制。夫两贵之不能相事，两贱之不能相使，是天数也。势位齐，而欲恶同，物不能澹①则必争，争则必乱，乱则穷矣。先王恶其乱也，故制礼义以分之，使有贫、富、贵、贱之等，足以相兼临者，是养天下之本也。《书》曰：『维齐非齐。』此之谓也。

马骇舆，则君子不安舆；庶人骇政，则君子不安位。马骇舆，则莫若静之；庶人骇政，则莫若惠之。选贤良，举笃敬，兴孝弟，收孤寡，补贫穷，如是，则庶人安政矣。庶人安政，然后君子安位。传曰：『君者，舟也；庶人者，水也；水则载舟，水则覆舟。』此之谓也。故君人者欲安，则莫若平政爱民矣；欲荣，则莫若隆礼敬士矣；欲立功名，则莫若尚贤使能矣。是君人之大节也。三节者当，则其余莫不当矣。三节者不当，则其余虽曲当，犹将无益也。孔子曰：『大节是也，小节是也，上君也。大节是也，小节一出焉，一人焉，中君也。大节非也，小节虽是也，吾无观其余矣。』

成侯、嗣公，聚敛计数之君也，未及取民也。子产取民者也，未及为政也。管仲为政者也，未及修礼也。故修礼者王，为政者强，取民者安，聚敛者亡。故王者富民，霸者富士，仅存之国富大夫，亡国富筐箧，实府库。筐箧已富，府库已实，而百姓贫，夫是之谓上溢而下漏。入不可以守，出不可以战，则倾覆灭亡，可立而待也。故我聚之以亡，敌得之以强。聚敛者，召寇肥敌，亡国危身之道也。故明君不蹈也。

【注释】

①澹：通『赡』，满足。

【译文】

名分相等就没法统属了，权势相等就不能统一会集了，大家的地位齐平就谁也不能役使谁了。有天有地就有上下的差别。明智的君主一开始当政，管理国家就有一定的等级制度。两人一样尊贵就无法相互侍奉，两人一样卑贱就无法互相役使，这是自然的道理。权势名位相同，欲望厌恶相同。物质无法满足就必定会发生争斗。发生争斗就会造成社会的混乱。社会混乱国家就衰亡了。古代君王憎恨这种混乱，故而制定礼义来区分人们，使人有贫富贵贱的等差，使他们完全可以相互督促，这就是古代君王治理天下的根本准则。《尚书·吕刑》说：『要做到齐，就应当先有不齐。』说的便是这个道理。

马在拉车时受惊了狂奔，君子就不能稳坐车内；老百姓在政治上受惊了，君子就不能稳坐江山。马在拉车时受惊了，那就没有比使它平静下来更好的了；老百姓在政治上不满，那就没有比给他们恩惠更好的了。选用有德能的人，提拔忠厚恭谨的人，倡导孝顺父母，敬爱兄长，收养孤儿寡妇，帮助贫穷的人，像这样做，老百姓就会安于政治了。老百姓安于政治，这样之后君子才能安坐上位。古书上说：『君主，就像是船；百姓，就像是水。水能载船，水也能使船倾翻。』说的便是这个道理。故而，统治人民的君主，要想政治安定，就没有比实施好政策、爱护人民更好的了；要想获得荣耀，就没有比尊崇礼义、尊重文人更好的了；要想建立功业和名望，就没有比崇敬贤人、使用才士更好的了。这些是当君主的关键。这三个关键都做得恰当，那么其他的就没有什么值得担忧的了。这三个关键做得不恰当，那么其他的就算处处恰当，还是于事无补。孔子讲：『大节对，小节也对，这是上等的君王；大节对，小节有些出入，这是中等的君王。大节错了，小节就算对，我也不用再看其他的了。』

卫成侯、卫嗣公，是捞取民财、工于算计的国君，没有做到取得民心；子产，是获得民心的人，却没能做到刑赏治国；管仲，是办到了刑赏治国的人，但没能做到推行礼义。做到礼义的能做成帝王之业，善于刑赏治国的能使国家强盛，能够取得民心的能使国家安定，捞取民财的会使国家衰亡。称王天下的君主使民众富足，称霸诸侯的君主使士人富足，勉强维持的国家使大夫富裕，亡国的君主只装满了自己的筐子、箱子和朝廷的仓库。自己的筐子、箱子和仓库装满了，而人民则陷入贫困，这称为上面满溢而下面漏空。如此的国家，内不能防守，外不能出战，那么它的灭亡将马上到来。自己捞取民财以致灭亡，敌人得到这些财物反而富强。捞取民财，实是招致侵略、养肥敌人、灭亡本国、危害自身的道路，故而贤能的君主是不走这条路的。

王夺之人，霸夺之与，强夺之地。夺之人者臣诸侯，夺之与者友诸侯，夺之地者敌诸侯。臣诸侯者王，友诸侯者霸，敌诸侯者危。

用强者，人之城守，人之出战，而我以力胜之也，则伤人之民必甚矣。伤人之民甚，则人之民恶我必甚矣。人之民恶我甚，则日欲与我斗。人之城守，人之出战，而我以力胜之，则伤吾民必甚矣。伤吾民甚，则吾民之恶我必甚矣。吾民之恶我甚，则日不欲为我斗。人之民日欲与我斗，吾民日不欲为我斗，是强者之所以反弱也。地来而民去，累多而功少，虽守者益，所以守者损，是以大者之所以反削也。诸侯莫不怀交接怨而不忘其敌。伺强大之间，承强大之敝，此强大之殆时也。知强大者不务强也，虑以王命，全其力，凝其德。力全则诸侯不能弱也，德凝则诸侯不能削也。天下无王霸主，则常胜矣。是知强道者也。

彼霸者不然，辟田野，实仓廪，便备用，案谨募选阅[①]材伎之士，然后渐[②]庆赏以先之，严刑赏以纠之。存亡继绝，卫弱禁暴，而无兼并之心，则诸侯亲之矣。修友敌之道以敬接诸侯，则诸侯说之矣。所以亲之者，以不并也。并之见，则诸侯疏之矣。所以说之者，以友敌也。臣之见，则诸侯离矣。故明其不并之行，倍其友敌之道，天下无王霸主，则常胜矣。是知霸道者也。

闵王毁于五国，桓公劫于鲁庄，无它故焉，非其道而虑之以王也。

彼王者不然，仁眇天下，义眇天下，威眇天下。仁眇天下，故天下莫不亲也；义眇天下，故天下莫不贵也；威眇天下，故天下莫敢敌也。以不敌之威，辅服人之道，故不战而胜，不攻而得，甲兵不劳而天下服，是知王道者也。

知此三具者，欲王而王，欲霸而霸，欲强而强矣。

【注释】

①阅：容纳，收容。

②渐（jiān）：深，重。

【译文】

要称王天下就同别国抢夺民众，要称霸诸侯就同别国抢夺盟国，要富强就同别国抢夺土地。同别国抢夺民众的可以臣服诸侯，同别国抢夺盟国的可以结盟诸侯，同别国抢夺土地的可以树敌诸侯。臣服诸侯的能称王天下，结盟诸侯的能称霸诸侯，树敌诸侯的就危险了。

使用强大的力量来和别的国家抢夺土地的君主，别的国家可能倚据城池把国家守卫得非常严密，可能勇敢地出城迎战，而我们用武力去战胜别的国家，那么一定严重地伤害到别国的民众。要是严重地伤害到别国的民众，别国的民众心中对我们产生的怨恨也一定很厉害。别国的民众心里十分怨恨我们，天天都会想着和我们战斗。人家可能倚据城池严守国家，可能勇敢地出城迎战，而我们用武力去战胜他们，一定会深深地伤害到自己的民众。深深地伤害自己的民众，那样自己的民众心中就会十分怨恨我们。自己的民众心里对我们的怨恨太深的话，他们不会想着为我们而去战斗。别国的民众整天想和我们拼命，而我们自己的民众却不想为我们而战斗，这就是强大的国家反而变为弱小的国家的缘由。土地夺来了而民众却离我们远去了，忧患增多了而功劳却减少了，即使需要守卫的土地增多了，用来守卫土地的民众却减少了，这便是强大的国家反倒削弱的原因。没有哪个心怀怨恨的诸侯不与别的诸侯相互联合的，他们时时不忘自己的仇敌，他们窥伺着强国的漏洞，趁着强国陷入困境的时机对其大举进攻，这个时候便是强国的危险时刻了。

了解使国家强大之道的君主不会专门用武力逞强，会思考凭借天子的命令来完备自己的实力、积聚自己的名望。力量完备了，其他诸侯就无法使他衰弱了；名声积聚了，那么各国诸侯就无法削弱他了；要是天下没有能够称王称霸的君主，那么他就可以经常取得胜利了。这种人才是了解强国之道的君主。

那些奉行霸道的君主就并非如此。他开垦田野，充实粮仓，改进设备器用，严格谨慎地招募、选择、接纳有才干技艺的士人，之后加重奖赏来诱导他们，加重刑罚来督导他们。他使灭亡的国家能存在下去，使已经绝嗣了的后代继承关系能延续下去，保卫弱小的国家，禁止残暴的国家，不过并没有吞并别国的野心，那么各国诸侯就会亲近他了；他遵行与力量匹敌的国家相友好的准则去恭敬地接待各国诸侯，那么各国诸侯就喜欢他了。各国诸侯之所以亲近他，是由于他不吞并别国，要是吞并别国的野心暴露出来，那么各国诸侯就会远离他了。各国诸侯之所以喜欢他，是由于他和力量匹敌的国家相友好，要是让各国诸侯臣服的意图暴露出来，那么各国诸侯就会背弃他了。故而，表明自己不会有吞并别国的行为，信守自己和匹敌的国家相友好的准则，天下要是没有成就王业的君主，这奉行霸道的君主就能经常取胜了。这是清楚称霸之道的君主。

齐闵王和他的齐国被五国联军打败，齐桓公被鲁庄公的臣子俘虏，这没有其他的原因，就是由于他们实行的不是王道却想靠它来称王。

那些奉行王道的君主并不这样。他的仁爱高于天下各国，道德高于天下各国，威势高于天下各国。仁爱高于各国，故而各国没有谁会不亲近他；道德高于各国，各国没有谁会不尊敬他；威势高于各国，各国没有谁敢跟他为敌。他拿着不可抵挡的威势去辅助使人心悦诚服的仁义之道，故而不战而胜，不攻而得，不费一兵一卒天下各国就投奔服从了他，这是了解称王之道的君主。

哪个君主要是懂得了上述或王、或霸、或强的方法，他就会想要称王就称王，想称霸就称霸，想强盛就强盛。

王者之人：饰动以礼义，听断以类，明振毫末，举措应变而不穷。夫是之谓有原。是王者之人也。

王者之制：道不过三代，法不贰后王。道过三代谓之荡，法贰后王谓之不雅。衣服有制，宫室有度，人徒有数，丧祭械用皆有等宜[①]。声，则凡非雅声者举废；色，则凡非旧文者举息；械用，则凡非旧器者举毁。夫是之谓复古。是王者之制也。

王者之论：无德不贵，无能不官，无功不赏，无罪不罚。朝无幸位，民无幸生。尚贤使能，而等位不遗；折愿禁悍，而刑罚不过。百姓晓然皆知夫为善于家而取赏于朝也，为不善于幽而蒙刑于显也。夫是之谓定论。是王者之论也。

王者之法：等赋，政事，财万物，所以养万民也。田野什一，关市几而不征，山林泽梁，以时禁发而不税。相地而衰政，理[②]道之远近而致贡，通流财物粟米，无有滞留，使相归移也，四海之内若一家，故近者不隐其能，远者不疾其劳，无幽闲隐僻之国，莫不趋使而安乐之。夫是之谓人师。是王者之法也。

北海则有走马、吠犬焉，然而中国得而畜使之；南海则有羽翮、齿革、曾青、丹干焉，然而中国得而财之；东海则有紫、紶、鱼、盐焉，然而中国得而衣食之；西海则有皮革、文旄焉，然而中国得而用之。故泽人足乎木，山人足乎鱼；农夫不斫削、不陶冶而足械用，工贾不耕田而足菽粟。故虎豹为猛矣，然君子剥而用之。故天之所覆，地之所载，莫不尽其美、致其用，上以饰贤良、下以养百姓而乐安之。夫是之谓大神。《诗》曰：『天作高山，大王荒之；彼作矣，文王康之。』此之谓也。

【注释】

①宜：通『仪』，法度，标准。

②理：分别。

【译文】

可以成就王业的人：全是能用礼义来约束行为，能遵照法度来办理政事，明察秋毫，能随各种变化采取相应措施而不会束手无策。这称为掌握了政事的关键。这就是可以实现王道的人。

奉行王道的君主所实行的准则是：奉行的政治准则不超出夏、商、周三代，实行的法度不离开当代的帝王。政治准则超过了三代就太渺茫，法度离开了当代的帝王便叫作不正。不同级别的人穿衣服各有规格，住房各有准则，侍从各有定数，丧葬祭祀用的器具各有等级。音乐凡不合正声的全都废除，色彩凡不合乎原色的全都禁止，器具凡不合旧制的全都毁弃。这就是复古。这就是奉行王道的君主所实施的准则。

奉行王道的君主对臣民的审察办理：没有德行的不让他显耀，没有才能的不让他做官，没有功劳的不给奖励，没有罪过的不加惩罚。朝廷上没有无德无功而侥幸得到官位的，百姓中没有游手好闲而侥幸得到生存的。崇尚贤德，任用才能，授予的等级地位各与德才当配而没有疏失；制裁狡诈，禁止凶暴，加给的刑罚各与罪行相配而不过分。老百姓都明明白白地清楚：就算在家里行善修德，也能在朝廷上获得奖赏；就算在暗地里为非作歹，也会在光天化日之下受到惩罚。这称为确定不变的惩处。这便是奉行王道的君主对臣民的审察办理。

奉行王道的君主会制定好赋税级别，办理好行政事务，管理好天下万物，由于这是用来养育亿万民众的。针对农田，按收成的十分之一征税；针对关卡集市，检查而不征税；针对山林湖泊桥梁，按时封闭开放而不收税。验定土地的肥瘠来分别定等征税，区分道路的远近获取不同数量的贡品。使财货粮米能够流通而没有滞留积压，让各地互通有无来帮助对方。四海之内就像一家人一样，故而，近处的人不隐瞒自己的才能，远方的人也不厌其劳地愿意为国家奔走，就算是幽远偏僻的国家，也无不乐于前来投奔而听从驱使。这种君主能够称之谓人民的师表。这便是奉行王道的君主所实行的制度。

北方有奔跑的马，吠叫的狗，中原地区可以畜养使用它们。南方有羽毛、象牙、犀牛皮、铜精、朱砂，中原地区也可以利用它们。东方生产细麻布、粗麻布等衣料和鱼、盐，中原地区也可以穿、吃它们。西方出产皮革和彩色的旄牛尾，中原地区也可以使用它们。故而，住在水边的人也有足够的木材，住在山上的人也有足够的鱼虾。农夫不砍柴，不制造陶器，不冶炼铜铁，也有足够的器具。工人、商人不耕种田地也有足够的食物。故而，虎豹是够凶猛的，但君子能够剥它的皮来使用。天所覆盖的，地所承载的，无不尽其美好，充分展露出它们的才干。对上供给贤能的人们车服来装扮他们，对下供养百姓的衣食使他们享受快乐。这就称为大治。《诗经·周颂·天作》说：『天生这座高山，太王将它开垦。太王将它开垦之后，文王在这里安居立业。』说的便是这种情况。

以类行杂，以一行万；始则终，终则始，若环之无端也。舍是而天下以衰矣。天地者，生之始也；礼义者，治之始也；君子者，礼义之始也。为之，贯之，积重之，致好之者，君子之始也。故天地生君子，君子理天地。

君子者，天地之参①也，万物之总也，民之父母也。无君子，则天地不理，礼义无统，上无君师，下无父子，夫是之谓至乱。君臣、父子、兄弟、夫妇，始则终，终则始，与天地同理，与万世同久，夫是之谓大本。故丧祭、朝聘、师旅，一也。贵贱、杀生、与夺，一也。君君、臣臣、父父、子子、兄兄、弟弟，一也。农农、士士、工工、商商，一也。

水火有气而无生，草木有生而无知，禽兽有知而无义；人有气、有生、有知，亦且有义，故最为天下贵也。力不若牛，走不若马，而牛马为用，何也？曰：人能群，彼不能群也。人何以能群？曰：分。分何以能行？曰：义。故义以分则和，和则一，一则多力，多力则强，强则胜物，故宫室可得而居也。故序四时，裁万物，兼利天下，无它故焉，得之分义也。

故人生不能无群，群而无分则争，争则乱，乱则离，离则弱，弱则不能胜物，故宫室不可得而居也，不可少顷舍礼义之谓也。

能以事亲谓之孝，能以事兄谓之弟，能以事上谓之顺，能以使下谓之君。君者，善群也。群道当，则万物皆得其宜，六畜皆得其长，群生皆得其命。故养长②时，则六畜育；杀生时，则草木殖；政令时，则百姓一，贤良服。

【注释】

①参：并列。

②长：抚养，养育。

【译文】

用各类事物的方法去治理各种纷繁复杂的事物，用统括一切的方法去治理万事万物，从始到终，周而复始，就像圆环一般无始无终。要是舍弃了这个准则，那么天下就要衰弱了。天地，是生命的源头；礼义，是天下大治的源头；君子，是礼义的源头。学习研究礼义，熟悉贯通礼义，积累增加礼义方面的知识，极其爱好礼义，这是做君子的开始。故而天地生养君子，君子管理天地。

君子，是天地的参赞，万物的总管，百姓的父母。若无君子，那么天地就不能治理，礼义就没有头绪，上没有君主、师长的尊严，下没有父子之间的伦理道德，这称为极其混乱。君臣、父子、兄弟、夫妻之间的伦理关系，从始到终，从终到始，它们与天地有上下之分是一样的道理，与千秋万代一样长久，这称为最大的根本。故而丧葬祭祀的礼仪、诸侯定期朝见天子的礼仪、军队中的礼仪，其道理是相同的。让人高贵或卑贱，将人处死或赦免，给人奖赏或处罚，其道理是相同的。君主得像个君主，臣子得像个臣子，父亲得像个父亲，儿子得像个儿子，兄长得像个兄长，弟弟得像个弟弟，其道理是相同的。农民得像个农民，读书人得像个读书人，工人得像个工人，商人得像个商人，其道理是相同的。

水火有气却并无生命，草木有生命却并无知觉，禽兽有知觉却不讲道义；人不仅有气，有生命，有知觉，还讲究道义，故而人是天下最珍贵的存在。人论力气不如牛，论奔跑不如马，但牛马却为人利用，为什么呢？由于人能形成社会群体，而它们却不能形成社会群体。人凭什么就可以结合成社会群体了呢？这是由于人有等级名分。等级名分为什么能得以推行？由于人有道义。故而，人类根据道义制定了名分就能和睦相处，和睦相处就可以团结一致，团结一致力量就大，力量大了就强盛，强盛了就能胜过别的事物。正由于这样，人才有可能居住在房屋之中；正由于这样，人才能依次排列四季，管理万事万物，使天下所有人都从其中获益。这一切的一切并没有其他的原因，而只是得利于人类社会的名分和道义。

人活在世上不能离开社会群体，不过结合成了社会群体之后没有划分等级名分就会发生争夺的事情，一旦发生争夺的事情，就会爆发动乱，一旦发生动乱就会导致离散，一旦离散就会减弱力量，力量减弱了就不能战胜外物，故而也就不可能在房屋中安居了。这是说人们片刻也不可以丢掉礼义。

能用礼义侍奉父母称为『孝』，能用礼义侍奉兄长称为『悌』，能用礼义侍奉长辈称为『顺』，能用礼义驱使百姓称为『君』。君，就是擅长把人们组织起来的人。组织起人们的办法得当，世上万物就各得其宜，猪、羊、牛等六畜就可以生长，一切生物都能得到生命。故而，养育生长适时，六畜就发育兴旺；砍伐种植适时，草木就茂盛繁殖；政令适时，百姓就可以统一，贤才良将就会心悦诚服。

圣王之制也，草木荣华滋硕之时则斧斤不入山林，不夭其生，不绝其长也；鼋鼍、鱼鳖、鳅鳣孕别之时，罔罟、毒药不入泽，不夭其生，不绝其长也；春耕、夏耘、秋收、冬藏四者不失时，故五谷不绝而百姓有余食也；湾池、渊沼、川泽谨其时禁，故鱼鳖优多而百姓有余用也；斩伐养长不失其时，故山林不童而百姓有余材也。

圣王之用也，上察于天，下错于地，塞备天地之间，加施万物之上，微而明，短而长，狭而广，神明博大以至约。故曰：一与①一，是为人者，谓之圣人。

序官：宰爵知[2]宾客祭祀飨食牺牲之牢数。司徒知百宗城郭立器之数。司马知师旅甲兵乘白之数。

修宪命，审诗商，禁淫声，以时顺修，使夷俗邪音不敢乱雅，大师之事也。

修堤梁，通沟浍，行水潦，安水藏，以时决塞，岁虽凶败水旱，使民有所耘艾，司空之事也。

相高下，视肥绕垸，序五种，省农功，谨蓄藏，以时顺修，使农夫朴力而寡能，治田之事也。

修火宪，养山林薮泽草木鱼鳖百索，以时禁发，使国家足用而财物不屈，虞师之事也。

顺州里，定廛宅，养六畜，闲树艺，劝教化，趋孝弟，以时顺修，使百姓顺命，安乐处乡，乡师之事也。

论百工，审时事，辨功苦，尚完利，便备用，使雕琢文采不敢专造于家，工师之事也。

相阴阳，占祲兆，钻龟陈卦，主攘择五卜，知其吉凶妖祥，伛巫跛击之事也。

修採清，易道路，谨盗贼，平室律，以时顺修，使宾旅安而货财通，治市之事也。

折愿禁悍，防淫除邪，戮之以五刑，使暴悍以变，奸邪不作，司寇之事也。

本政教，正法则，兼听而时稽之，度其功劳，论其庆赏，以时慎修，使百吏免尽，而众庶不偷，冢宰之事也。

论礼乐，正身行，广教化，美风俗，兼覆而调一之，辟公之事也。

全道德，致隆高，綦文理，一天下，振毫末，使天下莫不顺比从服，天王之事也。故政事乱，则冢宰之罪也；国家失俗，则辟公之过也；天下不一，诸侯俗反，则天王非其人也。

【注释】

①与：通『举』，统率。

②知：掌管。

【译文】

圣王的准则是：草木开花结果的时期，刀斧不可以进入山林，不夭折草木的生命，不断绝它们的生长。鳖鱼、鳄鱼、泥鳅、鳝鱼等产卵时，渔网毒药不可以进入江河湖泽，不夭折它们的生命，不断掉它们的生长。春耕、夏耘、秋收、冬藏，四个季节都不失时机，故而五谷源源不断，人民就有余粮了。池塘沼泽河川，严格地在一定的时期禁止捕捞，鱼类就会丰饶，人民就能够有多余的食用。砍伐种植都不失时机，于是山林不会光秃，人民就有多余的木材了。

圣人的功用是：上考察天时，下安置地上万物，充满于天地之间，大用于万物之上。这种大用细微而又显著，短暂而又深长，狭小而又广大，到达最高智慧，既博大而又极其简约。故而说：用礼义这个总准则去统率各种具体事物而正当地治理国家的人，就称为圣人。

讲述官员的职责：宰爵管理供接待宾客和祭祀时所用的酒食和祭品的数量。司徒管理各个宗族、城郭以及器械的数量。司马管理军队、武器、战车、士兵的数量。

制定法律，审查诗歌乐章，禁止淫荡的乐曲，依据时势整治修订，使蛮夷的风俗和淫荡的音乐不敢扰乱雅正的乐曲，这是太师的职责。

修建堤坝，架设桥梁，疏通田间的沟渠，排掉积水，加固水库，依据时令来开放或者关闭水库；就算遇上饥荒歉收、涝灾旱灾不断的年景，也仍然能使民众继续耕耘、有所收获，这是司空的职能。

查看地势的高低，清楚土地的肥瘠情况，依据时令合理地安排各种庄稼的种植，考察农事的功效，认真储备粮食，依据时令去整顿，使农民专心致力于农业生产而不求兼有其他技能，这是农官的职能。

制定禁止焚烧山泽的法律，保护山林中的草木、湖泊中的鱼鳖，针对人们对山林湖泊的各种求索，依据时节来禁止与开放，使国家有充足的物资而不至于匮乏，这是虞师的职能。

治理乡里，划定店铺区与居民区的界限，鼓舞百姓饲养六畜，精通种植，引导人们接受教化，督导人们孝顺父母、敬爱兄长，依据时势去治理政事，使百姓服从君主的命令，安于乡里，这是乡师的职能。

考核各个工匠的技艺，考察各个时节的生产活动，分别产品质量的优劣，提高产品的耐用性，从而使生产装置用得更持久，雕刻有图案的工具与绣有彩色花纹的礼服不敢私自制作，这是工师的职能。

观察阴阳天相的变化，根据云气来预报事情的吉凶，钻灼龟板，排列卦象，掌握除不祥、选择吉日，预报吉凶祸福，这是女巫与男巫的职能。

清扫厕所，修整道路，严防盗贼，平衡物价，按时来整治，保障商人旅客的安全从而使货物钱财流通顺畅，这是治市的职能。

惩处狡猾奸诈的人，严禁凶狠强暴的人，阻止淫乱，铲除邪恶，用五种刑罚来惩治罪犯，使强暴凶悍的人发生改变，使淫乱奸邪的事不再发生，这是司寇的职能。

把政治教化当作治国的根本，端正法律规则，多方听取意见并常常对臣民进行考核，衡量他们的功劳，评价对他们的赏赐，按时整理，使各级官吏都勉力尽职，老百姓都不敢苟且偷生，这是冢宰的职能。

讲究礼乐，端正行为，推广教化，美化风俗，普遍地照管百姓并使他们关系协调，这是诸侯的职能。

完美道德，使其达到崇高的境界，使礼义制度更为完美，统一天下，明察秋毫，使天下没有一个不服从悦服，这是天子的职责。所以，政治混乱，是冢宰的失职；国家风俗败坏，便是诸侯的失职；天下不统一，诸侯想要造反，那是因为天子不是最佳的人选。

具具而王，具具而霸，具具而存，具具而亡。用万乘之国者，威强之所以立也，名声之所以美也，敌人之所以屈也，国之所以安危、臧否也，制[1]舆在此亡乎人。王、霸、安存、危殆、灭亡，制舆在我亡乎人。夫威强未足以殆邻敌也，名声未足以县天下也，则是国未能独立也，岂渠得免夫累乎？天下胁于暴国，而党为吾所不欲于是者，日与桀同事同行，无害为尧，是非功名之所就也，非存亡安危之所堕也。功名之所就，存亡安危之所堕，必将于愉殷赤心之所。诚以其国为王者之所，亦王；以其国为危殆灭亡之所，亦危殆灭亡。

殷之日，案以中立无有所偏而为纵横之事，偃然案兵无动，以观夫暴国之相卒也。案平政教，审节奏，砥砺百姓，为是之日，而兵剸[2]天下劲矣；案修仁义，伉隆高，正法则，选贤良，养百姓，为是之日，而名声剸天下之美矣。权者重之，兵者劲之，名声者美之。夫尧、舜者，一天下也，不能加毫末于是矣。

权谋倾覆之人退，则贤良知圣之士案自进矣。刑政平，百姓和，国俗节，则兵劲城固，敌国案自诎矣。务本事，积财物，而勿忘[3]栖迟薛越也，是使群臣百姓皆以制度行，则财物积，国家案自富矣。

三者体此而天下服，暴国之君案自不能用其兵矣。何则？彼无与至也。彼其所与至者，必其民也。其民之亲我欢若父母，好我芳如芝兰，反顾其上则若灼黥，若仇雠；彼人之情性也虽桀、跖，岂有肯为其所恶贼其所好者哉！彼以夺矣。故古之人，有以一国取天下者，非往行之也，修政其所，天下莫不愿，如是而可以诛暴禁悍矣。故周公南征而北国怨，曰：何独不来也！东征而西国怨，曰：何独后我也！孰能有与是斗者与？安以其国为是者王。

【注释】

①制：关键。

②㓳（zhuān）：专擅，独占。

③忘：通「妄」，胡乱。

【译文】

拥有了相应的条件能称王，拥有了相应的条件可称霸，拥有了相应的条件能存国，拥有了相应的条件国家亡。统治万辆兵车的大国的君主，他威武强大的地位之所以能够确立，名声之所以美好，敌人之所以屈服，国家之所以又安全又好，根本都取决于自己而不是别人。你是想称王，还是想称霸，还是只图个稳当生存，甚或希望让自己的国家危险灭亡，根本都取决于自己而不是取决于别人。要是威武强大的程度还不能够让邻国发生危险，名声还不能够让天下人挂在嘴边念念不忘，如此的国家也就还不能以特异的姿态耸立于天下，哪里可以免除日患夜忧呢？天下被强暴的国家所威胁，要是这局面并不是我所希望的，而是迫不得已不得不天天和夏桀那样的暴君一块儿做事，一块儿行动，就算不妨碍自己在道德上仍然可以成为像尧帝那般的贤君，却也绝不是成就功名的时节，绝不是自己想长治久安就长治久安，自己想不危亡就不危亡的时节。功名的建立，长治久安盛世的如愿到来，必定要取决于自己心情愉快地把一颗赤诚之心专注于自己国家的强大之时。要是真心诚意地想要把自己的国家变成王道乐土，你就可以真的称王天下；要是希望把自己的国家搞到危亡的境地，那也就必定会国危家亡。

在富足的时候，要采取中产的态度，不要有所偏私而去干合纵连横的事情，要偃旗息鼓地按兵不动，来静观那些残暴的国家相互争斗，要搞好政治教化，考察礼节制度，磨炼百姓，当做到了这一点的时候，那么他的军队便是天下最为强劲的了；实行仁义之道，抵达崇高的政治境界，治理法律条令，选拔贤良的人，使百姓休养生息，当做到了这一点的时候，那么他的名声便是天下最美好的了。权势，让他举足轻重；军队，让他强劲有力；名声，让他美好无比。就是尧、舜那般统一了天下的人，也不能在这三个方面再加上丝毫了。

要是玩弄阴谋诡计、搞颠覆活动的人被罢黜，那么贤臣良将有智慧的圣明的人自然就会来到。刑罚政令合适，百姓和谐，国家习俗有节制，那就会兵力强大，城池坚固，敌对的国家自然就会臣服。致力于农业生产这个基础的事业，积聚财物，不随便丢弃抛散，如此就使官员和百姓都按制度办事，这样财物积聚起来了，国家自然富强了。

三方面都照此处理，强暴国家的君主自然就没法使用他的兵力了。为什么呢？没有人跟着他来打仗了。那些跟着他来打仗的，一定是他的百姓，而他的百姓亲近我们，欢喜得像见到父母一般；喜欢我们，像喜欢芝草兰草一般。回过头去看他们的君主，他们的君主就像遭到火烧、黥刑的罪犯一般丑恶可怕，像是仇人。那些百姓的性情，即使像桀跖一样，又哪儿会为了他们所憎恶的人而去损害他们所喜爱的人呢？他的百姓已经被夺取过来了。故而古代的人，有凭着一个诸侯国取得天下的，但并不是跑到别国去夺权，而是整治好自己国家的政事，使天下人无不仰慕，像这样就能够诛杀强暴，制止凶悍了。故而周公向南方出征时，北方国家的人发出埋怨，说：为什么单独不到我们这儿来呢？周公向东方出征时，西方国家的人也发出埋怨，说：为什么单独把我们放在后面呢？谁可以同这样的君主斗争呢？使自己的国家做到如此的人就能够称王。

殷之日，安以静兵息民，慈爱百姓，辟田野，实仓廪，便备用，安谨募选阅材伎之士；然后渐赏庆以先之，严刑罚以防之，择士之知事者使相率贯也，是以厌然畜积修饰，而物用之足也。兵革器械者，彼将日日暴露毁折之中原，我今将修饰之，拊循①之，掩盖之于府库。货则粟米者，彼将日日栖迟薛越之中野，我今将畜积并聚之于仓廪。材技股肱、健勇爪牙之士，彼将日日挫顿竭之于仇敌，我今将来致之、并阅之、砥砺之于朝廷。如是，则彼日积敝，我日积完；彼日积贫，我日积富；彼日积劳，我日积佚。君臣上下之间者，彼将厉厉焉日日相离疾也，我今将顿顿焉日日相亲爱也，以是待其敝。安以其国为是者霸。

立身则从庸俗，事行则遵佣故，进退贵贱则举佣士，之所以接下之人百姓者则庸宽惠，如是者则安存。

立身则轻楛，事行则蠲疑②，进退贵贱则举佞侻，之所以接下之人百姓者则好取侵夺，如是者危殆。

立身则憍暴，事行则倾覆，进退贵贱则举幽险诈故，之所以接下之人百姓者，则好用其死力矣，而慢其功劳，好用其籍敛矣，而忘其本务，如是者灭亡。

此五等者，不可不善择也。王、霸、安存、危殆、灭亡之具也。善择者制人，不善择者人制之；善择之者王，不善择之者亡。夫王者之与亡者，制人之与人制之也，是其为相县也亦远矣。

【注释】

①拊循：抚摸，这里指擦拭、保养。

②蠲（juān）疑：蠲，除去；蠲疑即毫不迟疑，指急躁鲁莽，毫无顾忌。

【译文】

在国家强大时，使用停止武力、休养生息的方针，爱护百姓，开垦田野，充实粮仓，储存设备器用以备使用，谨慎地招募、选拔、接纳有才干技艺的士人，之后加重奖赏来诱导他们，加重刑罚来管理他们，挑选其中明白事理的人统治他们，这样就能够积蓄粮食财物，修理改进器用设备，这样财富物资也就充足。兵革器械之类，对方天天破坏丢弃在原野上，而我方则修治爱护、勤加保养，收藏在仓库里；财物粮食之类，对方天天把它们丢弃散落在田野中，而我方则不断积聚，汇集储藏在仓库里。有才干技艺的辅佐大臣、健壮勇敢的武士，对方天天让他们在对敌时遭受挫折、困顿而筋疲力尽，而我方则在朝堂上招募、容纳、锻炼他们。像这样，对方一天天地衰败，我方则一天天地完美；对方一天天地贫困，我方则一天天地富足；对方一天天地疲惫，我方则一天天地舒适。君臣上下之间的关系，对方是恶狠狠地日渐背离、憎恨，我方则真心实意地日渐相亲相爱，以此来等着他们的衰败。能在自己的国家办好这些的君主就能称霸诸侯。

做人则依从普通的风俗习惯，做事则遵循一般的成规旧例，在任用、罢黜、提升、贬抑方面则选拔普通的人，用来对待下面的老百姓的态度则是用宽容和仁爱，像这样的君主只可安全生存。

做人则轻佻恶劣，做事则肆无忌惮，在任用、罢黜、提升、贬抑方面则选拔巧言令色的人，用来对待下面老百姓的态度则是热衷于夺取侵占掠夺，像这样的君主就可危了。

做人则骄傲暴虐，做事则搞倾轧破坏，在任用、罢黜、提升、贬抑方面则选拔阴险狡诈的人，用来对待下面的老百姓的态度，则是喜好利用使用他们为自己卖命出力而不把他们的功绩放在心上，欢喜使用他们上交税收而不管他们的本业，像这样的君主一定灭亡。

上面这五种不同的做法，是不能不好好地加以抉择的，它们是称王、称霸、安存、危险、灭亡的原则。擅长选择的，就能制服别人；不擅长选择的，别人就要制服他；擅长选择的，就能称王天下；不擅长选择的，就会灭亡。称王和灭亡，制服别人和被人制服，它们之间差别也太远了。

富国

第十

万物同宇而异体，无宜而有用为人，数也。人伦并处，同求而异道，同欲而异知，生也。皆有可也，知愚同；所可异也，知愚分。势同而知异，行私而无祸，纵欲而不穷，则民心奋而不可说也。如是，则知者未得治也；知者未得治，则功名未成也；功名未成，则群众未县也；群众未县，则君臣未立也。无君以制臣，无上以制下，天下害生纵欲。欲恶同物，欲多而物寡，寡则必争矣。故百技所成，所以养一人也。而能不能兼技，人不能兼官，离居不相待则穷，群而无分则争。穷者，患也；争者，祸也。救患除祸，则莫若明分使群矣。强胁弱也，知惧愚也，民下违上，少陵长，不以德为政，如是，则老弱有失养之忧，而壮者有分争之祸矣。事业所恶也，功利所好也，职业无分，如是，则人有树事之患，而有争功之祸矣。男女之合，夫妇之分，婚姻、娉内、送逆①无礼，如是，则人有失合之忧，而有争色之祸矣。故知者为之分也。

足国之道：节用裕民，而善臧其余。节用以礼，裕民以政。彼裕民，故多余。裕民，则民富；民富，则田肥以易②；田肥以易，则出实百倍。上以法取焉，而下以礼节用之。余若丘山，不时焚烧，无所臧之。

夫君子奚患乎无余？故知节用裕民，则必有仁义圣良之名，而且有富厚丘山之积矣。此无它故焉，生于节用裕民也。不知节用裕民，则民贫；民贫，则田瘠以秽；田瘠以秽，则出实不半。上虽好取侵夺，犹将寡获也；而或以无礼节用之，则必有贪利纠诱之名，而且有空虚穷乏之实矣。此无它故焉，不知节用裕民也。《康诰》曰：『弘覆乎天，若德裕乃身。』此之谓也。

【注释】

①逆：迎。

②易：治理。

【译文】

天地万物同处在一个宇宙空间，而形体各不一样，它们没有一定的用途，却都对人们有用，这是显然的道理。各种等级类别的人共处在一块儿，他们追求相同而方法途径不同，欲念一样而智慧相别，这是人的本能。

人都有所赞同的，聪明的人与愚蠢的人在这一点上是一样的。但他们所赞同的是不一样的，因此就区分出聪明与愚蠢。地位一样的人智慧并不一样。如果谋取私利而不受到惩罚，放纵欲念而不得到阻碍，这样人们就不可避免地奋起相争。这样，有智慧的人就得不到管理国家的机会。有智慧的人得不到管理国家的机会，就无法成就功名。功名无法成就，人们的上下高低就无从分别。人们的上下高低无从分别，君臣的地位就无法建立。没有君主来统治臣民，没有上层来统治下层，天下人就会毁害本性而放纵欲望。人们所想要的与所憎恶的东西，是同一种，想要的人多而东西很少，东西少就一定引起争夺。故而各行各业所制成的物品，都是用来供养一个人生活所必须的。但是一个人的能力不可以兼通各种技艺，一个人不能兼管各种事情。人们分散居住各顾自己不互相依靠是无法生活下去的，要组织在一起没有名分等级制度就一定爆发争斗。无法生存下去是忧患，爆发争斗是灾祸。拯救忧患，排除灾祸，最好的方法莫过于明了名分等级来组织起人们。要是允许强者胁迫弱者，智者惧怕愚蠢的人，下民违抗君主，年少的欺凌老人，不用道理来管理国家，像这样，老弱的就有失掉奉养的忧患，强壮的就有互相争夺的灾祸。事业成为人们所讨厌的，功名利禄成为人们所欢喜的，每个人的职业没有区分，像这样，人们不仅有很难建树事业的忧患，还会有抢夺功劳的祸患。男女的结合，夫妇的名分，婚姻聘纳嫁娶，要是不遵守规矩，像这样，人们就有失去婚配的忧虑，就会有抢夺美色的灾祸。故而，有智慧的人为此制定了名分等级。

使国家富强的途径是：节约财政开支，让百姓多创造财富，并可以妥善贮藏多余的粮食和各种财物。节约财政开支要依赖礼制约束，让百姓多创造财富要依靠政策导向。哪个国家推行让百姓多创造财富的政策，该国家就会粮食多财物广；百姓多创造财富，就会富足起来。百姓富足了，农田会被多施肥，农作物耕种会精耕细作；农田多施肥且精耕细作，生产出来的粮食就会上百倍地增加。国君要依照法律规定向百姓收税，而臣民要按照礼制规定，俭省节俭。其他像山林之利，可以不时地采用放火烧山，让山林中的可用资财为人类所利用。如此，君子哪里还用忧虑不年年有余呢？故而，懂得节约财政开支，让百姓多创造财富，君主就必定会享有仁爱、正义、圣明、善良的名誉，而他的国家拥有的财富也会堆积如山。这其实并无别的什么缘故，只是由于贯彻了节约财政开支，让百姓多创造财富的政策方针。要是不懂得节约财政开支，让百姓多创造财富的道理，百姓就会贫困；百姓贫困，农田就会贫瘠甚至荒芜；农田贫瘠而荒芜，收获的粮食就难以达到正常收成的一半。在这种情形下，国君就算热衷于增加赋税，甚至巧取豪夺，实际的财政收入仍将是很少的；再加上有时还不能依照礼制规定节俭财政开支，那就必定会只是落了个贪婪搜刮的坏名声，而事实上还是粮仓空空，财政匮乏。这也没有别的什么缘故，只是由于不懂得节约财政开支，不懂得让百姓多创造财富的道理。《尚书·康诰》上说：『博爱百姓呀要像上天照耀大地，若能遵行礼义道德，能使你本人也得到富足。』说的便是这个道理啊。

礼者，贵贱有等，长幼有差，贫富轻重[①]皆有称者也。故天子袾裷、衣冕，诸侯玄裷、衣冕，大夫裨冕，士皮弁服。德必称位，位必称禄，禄必称用。由士以上则必以礼乐节之，众庶百姓则必以法数制之。量地而立国，计利而畜民，度人力而授事；使民必胜事，事必出利，利足以生民，皆使衣食百用出入相掩，必时臧余，谓之称数。故自天子通于庶人，事无大小多少，由是推之。故曰：『朝无幸位，民无幸生。』此之谓也。

轻田野之税，平关市之征，省商贾之数，罕兴力役，无夺农时，如是则国富矣。夫是之谓以政裕民。

人之生，不能无群，群而无分则争，争则乱，乱则穷矣。故无分者，人之大害也；有分者，天下之本利也。而人君者，所以管分之枢要也。故美之者，是美天下之本也；安之者，是安天下之本也；贵之者，是贵天下之本也。古者先王分割而等异之也，故使或美或恶，或厚或薄，或逸乐或劬劳，非特以为淫泰夸丽之声，将以明仁之文，通仁之顺也。故为之雕琢刻镂、黼黻文章，使足以辨贵贱而已，不求其观；为之钟鼓、管磬、琴瑟、竽笙，使足以辨吉凶，合欢定[②]和而已，不求其余；为之宫室台榭，使足以避燥湿，养德辨轻重而已，不求其外。《诗》曰：『雕琢其章，金玉其相，亹亹我王，纲纪四方。』此之谓也。

【注释】

①轻重：指尊卑。

②定：成。

【译文】

礼，便是贵贱有等差，长幼有差别，贫富尊卑都有与他们等级相应的规定。故而，天子穿着的是红色龙袍和礼帽，诸侯穿着的是黑色龙袍和礼帽，大夫穿着的是一种叫『裨』的衣服，戴的是礼帽，士戴白鹿皮的帽子，穿便服。德行必定要与地位相称，地位必定要与俸禄相称，俸禄必定要与能力相称。从士以上，必定要用礼义乐章来节制，平民百姓，必定要用法度来治理。依据土地大小来划分行政区域，依据财利的多少来养育百姓，依照人的能力来授予适当的事务。使人们可以胜任这些事务，而这些事一定产生收益，这些收益又足以用来养活百姓。使百姓的衣食和各种用费都可以收支相当，必定还能适时地储藏节余的钱粮，这就称为符合法度。故而，从天子到平民百姓，事情无论大小多少，都要按礼的规矩类推。古书上说：『朝廷上没有能够侥幸谋取的职位，百姓中没有能够侥幸存活的人。』说的便是这个道理。

减少田土山野的赋税，公平合理地在关卡集市收税，减少商人的数量，少兴劳役，不要贻误农时。如此，国家就能富足。这就称为用政治措施来使百姓富足。

人们生存，不能不组成一个社会群体，但是组合在一起而没有名分等级的限制就会发生纷争，一发生纷争就会出现混乱，一出现混乱就会陷入无法生存的困境之中。故而没有名分等级，是人类最大的祸患；

有名分等级，是天下关键利益之所在；而君主是用来管理名分等级的关键。故而赞美君主，便是是赞美天下之根本；维护君主，这便是维护天下之根本；尊重君主，这便是尊重天下之关键。古代君主将人们划分出等级名分的差异，故而使他们的地位有的高贵有的低下，待遇有的优厚有的微少，有的安乐有的劳苦，这并不是要特地用来造成奢侈放荡或美好贤良的名声，而是要用它来明白隆礼尊贤的礼义制度，并贯彻隆礼尊贤的等级礼乐秩序。故而为人们在各种金、石、玉、木等各种器具上雕刻图案，制成各种颜色的服装，使它们能用来充分分别贵贱而已，并不追求更多的东西；制成各种钟、鼓、管、磬、琴、瑟、竽、笙等乐器，使它们能充分分别吉事凶事，让人们能欢喜和谐而已，并不追求其他的；修建了宫、室、台、榭，使人们能充分避开日晒雨淋、修养德行、分别尊卑而已，并无另外的想法。《诗经》说：『雕琢它们呈现纹章，金玉是它的质料。勤勤恳恳的君王，是四面八方的纪律。』说的便是这个道理。

若夫重色而衣之，重味而食之，重财物而制之，合天下而君之，非特以为淫泰也，固以为王天下、治万变、材①万物、养万民、兼制天下者为莫若仁人之善也夫。故其知虑足以治之，其仁厚足以安之，其德音足以化之。得之，则治；失之，则乱。百姓诚赖其知也，故相率而为之劳苦以务佚之，以养其知也；诚美其厚也，故为之出死断亡以覆救之，以养其厚也；诚美其德也，故为之雕琢刻镂、黼黻文章以藩饰之，以养其德也。故仁人在上，百姓贵之如帝，亲之如父母，为之出死断亡而愉者，无它故焉，其所是焉诚美，其所得焉诚大，其所利焉诚多也。《诗》曰：『我任我辇，我车我牛，我行既集，盖云归哉！』此之谓也。

故曰：『君子以德，小人以力。力者，德之役也。』百姓之力，待之而后功；百姓之群，待之而后和；

百姓之财，待之而后聚；百姓之势，待之而后安；百姓之寿，待之而后长。父子不得不亲，兄弟不得不顺，男女不得不欢。少者以长，老者以养。故曰：『天地生之，圣人成之。』此之谓也。

今之世而不然，厚刀布之敛以夺之财，重田野之税以夺之食，苛关市之征以难其事。不然而已矣，有掎挈伺诈，权谋倾覆，以相颠倒，以靡敝之。百姓晓然皆知其污漫暴乱而将大危亡也。是以臣或弑其君，下或杀其上，粥其城、倍②其节而不死其事者，无它故焉，人主自取之也。《诗》曰：『无言不雠，无德不报。』此之谓也。

兼足天下之道在明分。掩地表亩，刺草殖谷，多粪肥田，是农夫众庶之事也。守时力民，进事长功，和齐百姓，使人不偷，是将率之事也。高者不旱，下者不水，寒暑和节而五谷以时孰，是天下之事也。若夫兼而覆之，兼而爱之，兼而制之，岁虽凶败水旱，使百姓无冻馁之患，则是圣君贤相之事也。

【注释】

①材：通『裁』，利用。

②倍：通『背』，背叛，违背。

【译文】

对于把色彩丰富的衣服给君主穿，把各种饮食给君主吃，把许许多多的物品呈给君主用，把整个天下呈给君主统治，并不是有意制造过分的安泰奢侈和华丽，原本不过为了统一天下，管理各种变化，利用各种物品，养育百姓，使天下人都得到利益。没有比仁人更好的人了。他的智慧能够治理天下，他的仁厚能够安定天下，他的德行声望能够教化天下。得到他天下便太平，失去他天下便大乱。老百姓真的依赖他的智慧，故而争先恐后接二连三地为他劳苦，一定让他安逸，以此来护养他的智慧。老百姓真心诚意地赞叹他的仁厚，故而为他决死战斗来捍卫他，以此来护养他的仁厚。老百姓真心诚意地赞赏他的品德，故而为他的金、石、玉、木器雕刻了花纹，制成了各种颜色的服装，来想方设法地装扮他，以此来护养他的品德。故而仁人在上，百姓敬重他像敬重天帝一般，爱戴他像爱戴父母一般，为他决心战斗而万分欣愉，没有别的原因，仁人所确定的政令实在美好，仁人所得到的成就实在巨大，仁人所给予百姓的利益真的太多，《诗经·小雅·黍苗》讲：『我们肩扛，我们拉车，我们套车，我们赶牛，我们的事务做完了，都说：回去吧。』说的便是这种情况。

故而说：『君子靠的是德行，小人靠的是力气。用力气的人受用德行的役使。』百姓的力，依赖君子的德然后才获得成效；百姓组织在一起，依赖君子的德然后才能和谐；百姓的财物，依赖君子的治理才可以积聚起来；百姓的地位，依赖君子的治理才可以安定；百姓的寿命，依赖君子的仁爱才可以长久。父子之间没有君子的教化就不会互相亲爱，兄弟之间没有君子的教化就不会互相和顺，夫妇之间没有君子的治理就得不到欢快。青少年依靠君子的治理长大成人，老年人依赖君子的教化获得赡养。古书上说：『天地养育了他们，圣人成就了他们。』说的便是这个道理。

如今的世道却不是如此。在上位的人加重对金钱货币的捞取来掠夺百姓的财产，增加对田地的税收来抢夺百姓的粮食，增加对关卡和集市的收税来阻碍百姓的贸易活动。不仅这样，他们还抓住对方的弱点伺机欺诈、玩弄权术阴谋进行倾轧陷害，用此种手段来相互颠覆，来摧残百姓。百姓明明清楚这种人污秽肮脏残暴淫乱，清楚国家将要因此而遭到极大的危难与灭亡。于是，有的臣子就杀死了他们的君主，有的下级杀害了他们的上司。有的出卖城池、违反操守而不为君主的事业卖命，这没有其他的原因，而是君主自作自受的结果。《诗经》上讲：『说话总会有回答，施恩总会有报答。』说的便是这个道理。

使天下普遍富足的方法在于知道职分。翻耕田地，表明田亩的数量，铲除杂草种植谷物，积粪肥田，这是农夫工作。遵守时令，督导老百姓勤奋地劳作，使事情有进展，增加功效，协调百姓，使他们不偷懒又不懈怠，这是将帅的工作。高地不受旱，低地不受涝，寒暑协调，五谷按时成熟，这是天的工作。对于普遍地保护百姓，普遍地爱抚百姓，普遍地管辖百姓，就算遇到旱涝灾荒的年景，老百姓也没有冻饿的灾害，这是圣君贤臣的工作。

墨子之言，昭昭然为天下忧不足。夫不足，非天下之公患也，特①墨子之私忧过计也。今是土之生五谷也，人善治之，则亩数盆，一岁而再获之；然后瓜、桃、枣、李一本数以盆鼓；然后荤菜百疏以泽量；然后六畜禽兽一而剸车；鼋、鼍、鱼、鳖、鳅、鳣以时别，一而成群；然后飞鸟、凫雁若烟海；然后昆虫万物生其间。可以相食养者不可胜数也。夫天地之生万物也，固有余足以食人矣；麻葛、茧丝、鸟兽之羽毛齿革也，固有余足以衣人矣。夫有余不足，非天下之公患也，特墨子之私忧过计也。

天下之公患，乱伤之也。胡不尝试相与求乱之者谁也？我以墨子之『非乐』也，则使天下乱；墨子之『节用』也，则使天下贫。非将堕之也，说不免焉。墨子大有天下，小有一国，将蹙然衣粗食恶，忧戚而非乐。若是，则瘠；瘠，则不足欲；不足欲，则赏不行。墨子大有天下，小有一国，将少人徒，省官职，上功劳苦，与百姓均事业、齐功劳。若是，则不威；不威，则罚不行。赏不行，则贤者不可得而进也；罚不行，则不肖者不可得而退也。贤者不可得而进也，不肖者不可得而退也，则能不能不可得而官也。若是，则万物失宜，事变失应，上失天时，下失地利，中失人和，天下敖然，若烧若焦；墨子虽为之衣褐带索，嚽②菽饮水，恶能足之乎？既以伐其本，竭其原，而焦天下矣。

【注释】

①特：只是。

②嚽（chuò）：同『啜』，吃。

【译文】

墨子的言论是十分不安地在为天下担忧日用的不足。不足，并不是天下一样的忧患，只不过是墨子个人的过分的担忧。如今这些土地所生长的五谷，只要人们善于经营它，一亩就能够收几盆，一年就能够收获两次。此后，瓜、桃、枣、李之类的水果一株的收获也要用盆计量，此后葱、姜、蒜还有各种蔬菜要用池泽来量，然后猪、牛、羊等家畜家禽样样齐全，要用整车来装，鱼、鳖等按时间滋生繁育，样样齐全而且都能成群，此后还有飞禽、水鸟多得浩如烟海，还有生长在其中的昆虫万物，能够作为食物供给人食用的数不胜数。天地生育万物原来就富足得足以供给人食用；麻葛、茧丝、鸟兽的羽毛、犀牛的皮革、象牙等原来都足够得能够供人们穿用。不足，不是天下一样的忧患，只不过是墨子个人的过分的担忧。

天下共同的祸患，是惑乱人心危害社会。为什么不试着相互在一起来寻找一下扰乱社会的是谁呢？我觉得，墨子『非乐』的主张，会使天下混乱；墨子『节用』的主张，会使天下贫困。这并不是要诋毁墨子，而是他的学说不可避免地会带来这种结果。墨子要是权势大得管理了天下，或者小一些统治了一个国家，那将会局促不安地穿粗布衣服，吃很差的食品，忧愁地反对音乐。像这样，那么生活就必定很菲薄；生活菲薄，就不值得追求；不值得追求，那么奖励就不能实行。墨子要是权势大得掌管了天下，或者小一些统治了一个国家，那将会减去仆从，精简官职，崇尚辛勤，与老百姓做一样的事情、有一样的功劳。像这样，君主就没有威严；君主没有威严，那么处罚就不能施行。奖赏不能施行，那么有德才的人就不能够得到提拔任用；处罚不能施行，那么没有德才的人就不能够遭到罢免贬斥。有德才的人不能得到提拔任用，无德才的人不会遭到罢黜，那么有才干的人和没有才干的人就不可能得到与其才能相称的工作。像这样，那么万物就得不到适当的利用，突发的事件就得不到相应的处置，上错失天时，下丧失地利，中失掉人和，天下就像被熬干了一样，就像烧过了一样，就像烧枯了一样；墨子就算为此而只穿粗布衣服，用粗绳做腰带，吃豆叶，喝白水，又如何能使天下富足呢？既然已经砍断了根本，又汲尽了源头，那就会使天下的财富枯竭了。

故先王圣人为之不然，知夫为人主上者不美不饰之不足以一民也，不富不厚之不足以管下也，不威不强之不足以禁暴胜悍也。故必将撞大钟、击鸣鼓、吹笙竽、弹琴瑟以塞其耳；必将錭琢刻镂、黼黻文章以塞其目；必将刍豢稻粱、五味芬芳以塞其口；然后，众人徒、备官职、渐庆赏、严刑罚以戒其心。使天下生民之属，皆知己之所愿欲之举在是于也，故其赏行；皆知己之所畏恐之举在是于也，故其罚威。赏行罚威，则贤者可得而进也，不肖者可得而退也，能不能可得而官也。若是，则万物得宜，事变得应，上得天时，下得地利，中得人和，则财货浑浑如泉源，汸汸如河海，暴暴如丘山，不时焚烧，无所臧之，夫天下何患乎不足也？

故儒术诚行，则天下大而富，使有功，撞钟击鼓而和。《诗》曰：『钟鼓喤喤，管磬玱玱，降福穰穰。降福简简[①]，威仪反反[②]。既醉既饱，福禄来反。』此之谓也。故墨术诚行，则天下尚俭而弥贫，非斗而日争，劳苦顿萃而愈无功，愀然忧戚非乐而日不和。《诗》曰：『天方荐瘥，丧乱弘多。民言无嘉，憯[③]莫惩嗟。』此之谓也。

【注释】

①简简：广泛的样子。

②反反：慎重的样子。

③憯（cǎn）：曾，乃，竟然。

【译文】

古代的帝王圣人做事就不是如此，他们晓得那当君主的不美化、不装饰就不可以统一民心，财产不富足、待遇不优厚就不可以管理臣民，不威严、不强大就不可以禁止残暴的人、战胜凶悍的人。故而必须敲大钟、打响鼓、吹笙竽、弹琴瑟来满足自己耳朵的需要，必须在器物上雕刻花纹，在礼服上绘制图案来满足自己眼睛的需要，必须用牛羊猪狗等肉食、稻米谷子等细粮、带有各种味道又芳香扑鼻的美味佳肴来满足自己口胃的需要；另外，还要增加随从人员、配备各种官职、增加奖赏、严肃刑罚来警戒人们的心，使天下所有的人民，都晓得自己所希望获得的全在君主这里了，故而君主的奖赏能实行；都晓得自己所害怕的全在君主这里了，故而君主的处罚有威力。奖励能实行，处罚有威力，那么有德才的人就能获得提拔任用，没有德才的人就会遭遇罢免贬斥，有才能的人和没有才能的人就能获得应有的职事。像这样，那么万物就获得适当的利用，突发的事件就获得相应的处理，上获得天时，下获得地利，中获得人和，于是财物滚滚而来就如同泉水的源头，浩浩荡荡就如同江河海洋，高大堆积就如同崇山峻岭，就算时常被烧掉，也还是多得没有地方储存它们，那天下怎么还会忧虑财物不够呢？

故而，要是儒家学说真的可以得到推行，就会天下平安而富足，民众好役使且有成效，敲锣打鼓地过上和谐相处的好日子。《诗经》上讲：『钟鼓咚咚，管磬锵锵，幸福纷纷从天降。天赐福祉宽又广，仪容威严又端庄。酒足饭饱德无量，福禄都归我执掌。』说的便是这种情况。

故而墨子的学说要是真正实行了，那么天下崇尚节俭却越来越贫穷，反对争斗却天天有争夺，劳作辛苦困顿憔悴却更无成效，哭丧着脸愁苦地反对音乐却一天比一天更加不和谐。《诗经》上说：『上天正在降下疾病，丧乱很多，百姓没有赞赏，依然没有警戒。』说的便是这种情况。

垂事养民，拊循之，唲呕①之，冬日则与之饘粥，夏日则与之瓜麮，以偷取少顷之誉焉，是偷道也。可以少顷得奸民之誉，然而非长久之道也。事必不就，功必不立，是奸治者也。傮然要时务民，进事长功，轻非誉而恬失民，事进矣而百姓疾之，是又不可偷偏者也。徒坏堕落，必反无功。故垂事养誉，不可；以遂功而忘民，亦不可。皆奸道也。

故古人为之不然。使民夏不宛暍，冬不冻寒，急不伤力，缓不后时，事成功立，上下俱富。而百姓皆爱其上，人归之如流水，亲之欢如父母，为之出死断亡而愉者，无它故焉，忠信、调和、均辨②之至也。故君国长民者，欲趋时遂功，则和调累解，速乎急疾。忠信均辨，说乎赏庆矣。必先修正其在我者，然后徐责其在人者，威乎刑罚。三德者诚乎上，则下应之如景响。虽欲无明达，得乎哉？《书》曰：『乃大明服，惟民其力懋③，和而有疾。』此之谓也。

故不教而诛，则刑繁而邪不胜；教而不诛，则奸民不惩；诛而不赏，则勤属之民不劝；诛赏而不类，则下疑俗俭而百姓不一。故先王明礼义以一之，致忠信以爱之，尚贤使能以次之，爵服庆赏以申重之。时其事，轻其任，以调齐之。潢然兼覆之，养长之，如保赤子。若是，故奸邪不作，盗贼不起，而化善者劝勉矣。是何邪？则其道易，其塞固，其政令一，其防表明。故曰：『上一则下一矣，上二则下二矣。辟之若草木，枝叶必类本。』此之谓也。

【注释】

①唲（wá）呕：慈爱，爱护。
②均辨：公平。
③懋（mào）：勤勉。

【译文】

放下生产不管而搞些小恩小惠去抚育民众，抚慰他们，爱惜他们，冬天给他们熬煮稀饭，夏天给他们提供瓜果、大麦粥，这样来苟且骗取一时的名誉，这是一种只求眼前的苟且做法；它能够暂时得到奸邪之人的赞誉，但并不是长久的方法；其结果，事业一定不能成就，功绩一定不能建立，这是用奸诈的办法来治国的人。急急忙忙地抢时期而使百姓卖力从事劳动，要求生产快速发展、功效迅速增加，不顾百姓是非议还是赞誉，不在乎丧失民心，结果生产发展了而民众却怨恨他，这又是一种不能苟且偏激的人；这种人将趋于毁坏衰败，一定会一事无成，故而放下事业而沽名钓誉，不行；由于要成就功业而不顾民众，也不行；这些都是奸邪不正的方法。

古人做事就不是如此。古代的君主役使百姓的时候，夏天不会让他们闷热中暑，冬天不会让他们被严寒所冻，紧急的时候不伤害民众的劳力，事情缓和的时候也不误了农时，结果事业成就、功绩建立，君主和臣民都十分富裕，故而百姓都爱戴他们的君主，像流水归入大海一样地依附他、亲近他，欢乐得就像亲近自己的父母，为了他出生入死也心甘，这没有别的原因，而是由于君主忠信、调和、公正。故而统治国家养育人民的君主，要想获得时间建立功业，那么用调和宽缓的办法，比用急于求成的办法更快；用忠信公平的办法比赏赐更令人喜悦；一定先纠正自己身上的缺点，之后再慢慢地去纠正别人身上的缺点，如此的威力比使用刑罚更大。调节宽缓、忠信公平、正人先正己这三种德行，要是君主可以真正实行，那么臣民就会如影随形，像回声一般积极响应，就算想不显赫通达，可能吗？《尚书》中讲：『君主十分英明地统治百姓，民众就会尽力劳作，协调而又迅速。』说的便是这个道理啊。

不教育光惩罚，刑罚即使用得很多，邪恶的事依然难以得到制止；光教育不惩罚，邪恶的人就会得不到惩罚；只惩罚不奖励，勤奋的人就得不到鼓舞。既惩罚又奖励，但要是这些措施不合法律，百姓就会无所适从，社会风气就会险恶，百姓们也会因没有统一的法律而无法行动一致。故而，古圣王通过彰明礼制道义，来统一民众的行为；致力于忠信来爱护人民；他们崇敬贤人，任用能人，为这些人安排各级位子并用爵位、服饰、表扬、赏赐去反复激励他们。还要依据季节安排他们的活动，减轻百姓的负担来调整一切社会生活。君主要恩泽普施，保护所有的人，抚养所有的人，庇护民众就像庇护初生的婴儿一般。如此的结果，奸诈邪恶的人就会洗手不干，盗窃抢劫的流氓团伙也不再出现，受到礼义教化而弃恶从善的人，在君主恩德的感召下会由此而受到鼓舞。这是为什么呢？由于古圣王引导人们弃恶从善的政治原则平易可行，这些准则对为非作歹行为的堵塞阻止强固有力，他们所制定的礼义法度既明白稳定而又内在协调一样。古话说：『上头政令统一，一心一意，下面也就有章可循，一心一意；上头朝令夕改，三心二意，下面也就无所适从，三心二意；举个例子来说，社会生活就像草木一般，有什么样的根系就会长出什么样的枝芽。』说的便是这个道理。

不利而利之，不如利而后利之之利也。不爱而用之，不如爱而后用之之功也。利而后利之，不如利而不利者之利也。爱而后用之，不如爱而不用者之功也。利而不利也、爱而不用也者，取天下矣。利而后利之、爱而后用之者，保社稷也。不利而利之、不爱而用之者，危国家也。

观国之治乱臧否，至于疆易而端已见矣。其候徼支缭，其境关之政尽察，是乱国已。入其境，其田畴秽，都邑露①，是贪主已。观其朝廷，则其贵者不贤；观其官职，则其治者不能；观其便嬖，则其信者不悫，是暗主已。凡主相臣下百吏之俗，其于货财取与计数也，须孰尽察；其礼义节奏也，芒轫僈楛，是辱国已。其耕者乐田，其战士安难，其百吏好法，其朝廷隆礼，其卿相调议，是治国已。观其朝廷，则其贵者贤；观其官职，则其治者能；观其便嬖，则其信者悫，是明主已。凡主相臣下百吏之属，其于货财取与计数也，宽饶简易；其于礼义节奏也，陵谨尽察，是荣国已。贤齐则其亲者先贵，能齐则其故者先官。其臣下百吏，污者皆化而修，悍者皆化而愿②，躁者皆化而悫。是明主之功已。

【注释】

①露：破败。

②愿：诚实，淳厚。

【译文】

不使百姓得利而从他们身上取利，不如使他们得利之后再从他们身上取利来得有利。不爱护百姓而使用他们，不如爱护他们，之后再使用他们更有成效。使百姓得利之后再从他们身上取利，不如使他们得利而不从他们身上取利来得有利。爱护百姓之后再使用他们，不如爱护他们而不使用他们更有效果。使百姓得利而不从百姓身上取利、爱护百姓而不使用百姓的国君，就能获得天下了。使百姓得利之后再从百姓身上取利、爱护百姓以后再使用百姓的国君，可以保住国家。不使百姓得利而从百姓身上取利、不爱护百姓而使用百姓的国君，只能使国家危险。

观察一个国家的治乱好坏，来到它的边界就能够看出端倪了。要是那国家的哨兵来回不断地巡逻，那边境关卡的管制措施极其苛严，这便是个混乱的国家了。进入那国境，它的田地荒芜，城镇破败，这个国家的君主便是个贪婪的君主了。观察这个君主的朝廷，那地位高贵的人并不贤能；观察这个君主的官员，那处理政事的人并无能力；看看他左右的亲信，那被信任的人并不真诚，这就是个昏君了。但凡君主、宰相、大臣和各种官吏这一类人，他们对于货物钱财的获得和支出的计算，谨慎仔细非常苛严；他们对于礼义准则，茫然无知、怠惰疲沓、漫不经心，这就是个会被人凌辱的国家了。它的农民乐意种田，那战士不避危险，那百官热衷于法制，那朝廷崇敬礼义，那卿相能和睦地商议，这就是个治理得好的国家了。考察它的朝廷，那地位高贵的人很贤能，观察它的官员，那处理政事的人很能干；看看君主左右的亲信，那被信任的人很真诚，这个国家的君主就是个英明的君主了。但凡君主、宰相、大臣和各种官吏这一种人，他们对于货物钱财的获得和支出的计算，宽容大方简略便易；他们对于礼义法度，严肃认真、一丝不苟，这便是个繁荣昌盛的国家了。要是贤德的程度相等，那么有亲戚关系的人首先尊贵；要是能力相同，那么有故旧关系的人先获得官职。那些臣下百官，思想行为肮脏的都受到感化而变得善良美好，狠戾强暴的都受到感化而变得纯朴善良，狡猾奸诈的都受到感化而变得忠诚老实：这便是英明君主的功劳了。

观国之强弱贫富有征：上不隆礼则兵弱，上不爱民则兵弱，已诺不信则兵弱，庆赏不渐则兵弱，将率不能则兵弱。上好功则国贫，上好利则国贫，士大夫众则国贫，工商众则国贫，无制数度量则国贫。下贫则上贫，下富则上富。故田野县鄙者，财之本也；垣窌仓廪者，财之末也。百姓时和，事业得叙者，货之源也；等赋府库者，货之流也。故明主必谨养其和，节其流，开其源，而时斟酌焉，潢然使天下必有余而上不忧不足。如是则上下俱富，交无所藏之，是知国计之极也。故禹十年水，汤七年旱，而天下无菜色者，十年之后，年谷复孰而陈积有余。是无它故焉，知本末源流之谓也。故田野荒而仓廪实，百姓虚而府库满，夫是之谓国蹶。伐其本，竭其源，而并之其末，然而主相不知恶也，则其倾覆灭亡可立而待也。以国持之而不足以容其身，夫是之谓至贫，是愚主之极也。将以求富而丧其国，将以求利而危其身。古有万国，今有十数焉。是无它故焉，其所以失之一也。君人者亦可以觉矣。百里之国，足以独立矣。

凡攻人者，非以为名，则案以为利也；不然，则忿之也。

仁人之用国，将修志意，正身行，伉隆高，致忠信，期[①]文理。布衣紃屦之士诚是，则虽在穷阎漏屋，而王公不能与之争名；以国载之，则天下莫之能隐匿也。若是，则为名者不攻也。将辟田野，实仓廪，便备用，上下一心，三军同力，与之远举极战则不可。境内之聚也保固，视可午[②]其军，取其将，若拨麰；彼得之不足以药伤补败；彼爱其爪牙，畏其仇敌。若是，则为利者不攻也。将修小大强弱之义以持慎之，礼节将甚文，珪璧将甚硕，货赂将甚厚，所以说之者，必将雅文辩慧之君子也。彼苟有人意焉，夫谁能忿之？若是，则忿之者不攻也。

为名者否，为利者否，为忿者否，则国安于盘石，寿于旗、翼。人皆乱，我独治；人皆危，我独安；人皆失丧之，我按起而治之。故仁人之用国，非特将持其有而已矣，又将兼人。《诗》曰：『淑人君子，其仪不忒；其仪不忒，正是四国。』此之谓也。

【注释】

①期：通『綦』，极。

②午：通『迕』，逆，迎。

【译文】

观察一个国家的强弱贫富也有固定的征兆：君主不崇尚礼义，那兵力就会减弱；君主不爱护百姓，那兵力就会减弱；禁止与允诺不能守信，那兵力也会减弱；奖赏不厚重，那兵力就会减弱；将帅无能，那兵力就会减弱。君主好大喜功，那国家就会贫困；君主贪图利益，那国家就会贫困；士大夫众多，那国家就会贫困；工匠商人众多，那国家就会贫困；耗费钱财而没有明确的规章制度，那国家就会贫困。百姓贫困，那君主就会贫困；百姓富裕，那君主就会富裕。所以田野乡村，是财物的根本；粮囤地窖谷仓米仓，是财物的末梢。民众顺应天时耕作，生产有条不紊，这是财富的源头；依照等级征收的赋税来填充国库，这是财富支流。故而圣明的君主一定谨慎地顺应天时节气的变化，节制支流，开拓源头，而且对钱财的收支随时加以斟酌，使天下百姓都有必定的盈余，君主也就不会再为财富不够而忧虑了。要是像这样，那么君主和民众都会富裕，都没有储藏财物的地方了，这是最懂得国计民生的办法。故而夏禹时即使碰上了十年水灾，商汤时遇到了七年旱灾，但天下并没有面有菜色的人；十年水灾之后，七年旱灾之后，谷物又都获得了丰收，而旧有的储备粮还有余粮。这并没别的原因，而是由于他们懂得本末、源流关系的原因。故而，田野荒芜而国家的粮仓却是充实的，百姓家里空空荡荡而国家的仓库却是满满的，这能够称为国家将亡。砍断了根本，枯竭了源头，甚至聚敛了他的末梢，汇聚了他的支流，不过君主与相国还不清楚事情的严重，那么国家的覆亡很快就要来到了。用整个国家来扶持供给他，还保不住他自己，这就称为最大的贪婪，是最愚蠢的君主。想要获得富裕反倒丧失了自己的国家，本来希望追求利益反而危害了本身，古时候有许许多多个国家，如今只有十几个，这没有别的原因，之所以如此，道理都是一样的。统治人民的君主，也该醒悟了吧。百里见方的小国，是完全能够独立存在的。

但凡进攻别国者，不是为了获得惩除暴虐的美名，便是为了要谋取利益；否则，便是为了愤怒。

仁德之人管理国家，会修养意志，端正行事，达到很高的礼义的境界，做到忠厚有信用，十分遵循法度。就算穿布衣、麻鞋的读书人，只要他们能确实做到这些，那么即使住在偏僻的穷巷陋屋之中，而天子诸侯也没有办法和他争夺名望；要是把国家大事委任给他，如此的仁人君主，天下就没有谁能埋没他的崇高道德。像这样，那么为追求美名的人就不会来进攻他了。讲究仁德的人管理国家，会开垦田野，充实粮仓，改进设备器械，上下团结一心，三军一起努力。要是仅仅靠孤军奋战，那必定不行。由于还要使境内的城镇坚实牢固，发现情况许可了，再去迎击敌人，擒获他们的将领就像掰断麦芽一般容易。敌军所获得的还不够用来医治伤员、弥补损失。他们还得顾惜自己的武将，又害怕敌人，像这样，那么为谋利而攻战的人就不会来攻击了。讲究仁德的人治理国家，将会认真遵行大国与小国、强国与弱国之间的道义，礼节愈加完善，拜见时赠送的玉器将特别大，敬献的礼品将愈加丰厚，派遣的使者一定是文辞优雅善辩聪慧的君子。那别国的君主要是有人心的话，谁还能怨恨如此的仁人君主呢？像这样，那么出于怨恨而进攻的人就不会来攻击了。

追求美名的人不来进攻，谋取利益的人不来进攻，要发泄怨愤的人也不来进攻，那么国家就会像磐石一般稳固，像天上的恒星一般长寿。别的国家都混乱，只有他的国家管理得好；别的国家都危险，只有他的国家安稳；别的国家都丧权失国，他便起来征服它们。故而讲究仁德的人治理国家，不单单将保住他自己所有的，还要征服天下之人心。《诗经》中说：『善人君子忠于仁，坚持道义没有错误。他的道义没有错误，能够治理四方的国家。』说的便是这个道理。

持国之难易：事强暴之国难，使强暴之国事我易。事之以货宝，则货宝单①而交不结；约信盟誓，则约定而畔无日；割国之锱铢以赂之，则割定而欲无猒。事之弥顺，其侵人愈甚，必至于资单、国举然后已。

虽左尧而右舜，未有能以此道得免焉者也。辟之，是犹使处女婴宝珠、佩宝玉、负戴黄金，而遇中山之盗也，虽为之逢蒙视，诎要、桡腘，君卢屋妾，由将不足以免也。故非有一人之道也，直将巧繁②拜请而畏事之，则不足以为持国安身。

故明君不道也。必将修礼以齐朝，正法以齐官，平政以齐民。然后节奏齐于朝，百事齐于官，众庶齐于下。如是，则近者竞亲，远方致愿，上下一心，三军同力；名声足以暴炙之，威强足以捶笞之，拱揖指挥，而强暴之国莫不趋使，譬之是犹乌获与焦侥搏也。故曰：『事强暴之国难，使强暴之国事我易。』此之谓也。

【注释】

①单：通『殚』，尽，完。

②繁：通『敏』，敏捷，指殷勤。

【译文】

保护自己国家的困难之处和容易之法：侍奉强暴之国很艰难，让强暴之国侍奉我却很容易。用钱财珍宝去奉承强暴之国，钱财珍宝送光了而邦交依然不能建立；和他们订盟约立誓言吧，盟约签订后没几天他们会背信毁约；一点点地割让国家的土地去贿赂他们吧，割让完了之后他们却欲壑难填。侍奉他越好他就越厉害，必定要等到财物送光，国家全都给了他，之后才罢休。就算你身边有尧、舜那样的贤人，靠这种方法也不能避免灭亡。举个例子说，这就如同让一个姑娘脖子上系着宝珠，身上佩着宝玉，背着黄金，而碰上了山中的强盗，就算你眯着眼睛不敢看他，弯腰屈膝，像家里的婢妾一般，仍将不可避免遭抢的厄运。故而，要是没有团结人民一致抗敌的方法，只靠说好话，献殷勤，跪拜请求，诚惶诚恐地去侍奉，那是不能保护国家，安安生生过日子的。

故而圣明的君主不采用这种方法。他一定要修整礼义来统一朝廷，端正法纪来统一官员，平定政局来统一民众。之后礼义制度才能统一于朝廷，各种事务统一于官吏，黎民百姓统一于下层。像这样，近处的人争相来亲近，远方的人也想要来依附。上下一心，三军同力。如此，名声威慑天下，威力镇服强暴，只需要拱着手指挥，强暴之国无不被利用。这就像力举千斤的乌获与身高三尺的焦侥相斗一般。故而说：『侍奉强暴的国家难，使强暴的国家侍奉我们容易。』说的便是这个道理。

王霸

第十一

国者，天下之利用也；人主者，天下之利势也。得道以持之，则大安也，大荣也，积美之源也；不得道以持之，则大危也，大累也，有之不如无之，及其綦[①]也，索为匹夫不可得也，齐湣、宋献是也。

故人主，天下之利势也，然而不能自安也，安之者必将道也。

故用国者，义立而王，信立而霸，权谋立而亡。三者明主之所谨择也，仁人之所务白也。

挈国以呼礼义而无以害之，行一不义，杀一无罪而得天下，仁者不为也。擽然扶持心国，且若是其固也！之所与为之者，之人则举义士也；之所以为布陈于国家刑法者，则举义法也；主之所极然帅群臣而首乡[②]之者，则举义志也。如是，则下仰上以义矣，是綦定也。綦定而国定，国定而天下定。

仲尼无置锥之地，诚义乎志意，加义乎身行，著之言语，济之日，不隐乎天下，名垂乎后世。今亦以天下之显诸侯诚义乎志意，加义乎法则度量，著之以政事，案申重之以贵贱杀生，使袭然终始犹一也。如是，则夫名声之部发于天地之间也，岂不如日月雷霆然矣哉？故曰：以国齐义，一日而白，汤、武是也。汤以亳，武王以鄗，皆百里之地也，天下为一，诸侯为臣，通达之属莫不从服。无它故焉，以济义矣。是所谓义立而王也。

德虽未至也，义虽未济也，然而天下之理略奏矣，刑赏已诺信乎天下矣，臣下晓然皆知其可要也。政令已陈，虽睹利败，不欺其民；约结已定，虽睹利败，不欺其与。如是，则兵劲城固，敌国畏之；国一綦③明，与国信之。虽在僻陋之国，威动天下，五伯是也。非本政教也，非致隆高也，非綦文理也，非服人之心也，乡方略，审劳佚，谨畜积，修战备，齺然上下相信，而天下莫之敢当。故齐桓、晋文、楚庄、吴阖闾、越勾践，是皆僻陋之国也，威动天下，强殆中国，无它故焉，略信也。是所谓信立而霸也。

【注释】

①綦：极点。

②首乡：向往，追求。

③綦：期，约定。

【译文】

国家，是天下最有利的工具。君主，处于天下最有利的位置。要是获得了正确的政治原则去掌握国家与君权，就会十分安定，十分荣耀，成为积聚美好功名的源泉；要是得不到正确的政治准则去掌握它，就会十分危险，十分烦劳，有了它还不如没有它，发展到那极点，要求做个平民百姓也不能如愿，齐湣王、宋献公便是如此。

故而，君主处于天下最有利的位置，不过他并不能自行安定，要安定就必须依靠正确的政治准则。治理国家的人，礼义确立了就能够称王天下，信用确立了就能够称霸诸侯，玩弄权术就会自取灭亡。这三种做法，英明的君主是会谨慎地抉择的，也是仁人所必须弄清楚的。

提倡礼义来治理国家而绝不用什么东西去影响它，要是做一件不义的事、杀一个无罪的人而获得天下，这种事讲究仁德的人是绝不会干的，像坚硬的石头那般坚定地维护和控制着自己的思想和国家。故而，和他一起行动的人，都是符合道义的人；那些在国内颁布的法律，就全是符合道义的法；那些他所急切地统率群臣去追求的，就全是符合道义理想的。像这样，那么臣民们就会根据道义来敬仰君主，如此国家的基础就巩固了。国家的基础稳固了，国家就安稳了；国家安稳了，天下就安稳了。

孔子没有立锥之地，但因为他真正用道义来指导自己的意志和思想，落实在自己的行动上，并表现在言谈中，到成功的时候，他就显扬于天下，声望流传到后代。如今要是也让天下显赫的诸侯们用道义来指导自己的意志和思想，落实到各种法令制度上，并将它体现在政事中，反复强调它，又用选拔、罢黜、处死、赦免等手段，使它贯彻如一。就这样，那么他的声望就会在天地之间光大，难道不像日月雷霆那样显赫吗？故而说：使国家统一于道义，这个国家的声誉很快就会显赫，商汤、周武王便是如此。商汤凭借亳，周武王凭借鄗，都只不过是方圆百里的小国，却获得了天下，诸侯做了他们的臣下，凡交通能到达的地方，没有不服从的，这没有其他的原因，而是由于他们完全实现了道义。这就称为施行道义而称王天下。

德行即使还没有尽善尽美，道义即使还没有完全做到，不过天下的事理大体上掌握了，刑罚、奖赏、禁止、许诺在天下已得到了信用，臣下都清楚地晓得他是能够结交的。政令已经发布，就算看到自己的利益将要有所损害，也不失信于他的民众；盟约已经签订，就算看到自己的利益将要有所损害，也不失信于他的盟友。像这样，就会军队强劲、城防牢固，而敌国害怕他；国家统一，道义彰明，而同盟国信任他。就算住在偏僻落后的国家，他的威势也能够震动天下，五霸就是如此。他们即使没有把政治教化作为立国之本，没有达到最崇高的政治境界，没有健全礼仪制度，没有使人心悦诚服，但他们讲究方法策略，注意使百姓有劳有逸，认真积蓄，加强战备，像牙齿啮合那样君臣上下相互信任配合，所以天下也就没有人敢和他们对抗了。齐桓公、晋文公、楚庄王、吴王阖闾、越王勾践，这些人都处于偏僻落后的国家，他们的威势却震动天下，他们的强盛危及中原各国，这没有别的原因，就是由于他们获得了信用啊！这就是我所说的把信用确立了就可以称霸诸侯。

挈国以呼功利，不务①张其义，齐其信，唯利之求，内则不惮诈其民而求小利焉，外则不惮诈其与而求大利焉，内不修正其所以有，然常欲人之有。如是，则臣下百姓莫不以诈心待其上矣。上诈其下，下诈其上，则是上下析也。如是，则敌国轻之，与国疑之，权谋日行，而国不免危削，綦之而亡，齐闵、薛公是也。故用强齐，非以修礼义也，非以本政教也，非以一天下也，绵绵常以结引驰外为务。故强，南足以破楚，西足以诎秦，北足以败燕，中足以举宋。及以燕赵起而攻之，若振槁然，而身死国亡，为天下大戮②，后世言恶，则必稽焉。是无它故焉，唯其不由礼义而由权谋也。

三者，明主之所以谨择也，而仁人之所以务白也。善择者制人，不善择者人制之。

国者，天下之大器也，重任也。不可不善为择所而后错之，错险则危；不可不善为择道然后道之，涂萝则塞，危塞则亡。彼国错者，非封焉之谓也，何法之道，谁子之与也。故道王者之法与王者之人为之，则亦王；道霸者之法与霸道之人为之，则亦霸；道亡国之法与亡国之人为之，则亦亡。三者，明主之所以谨择也，而仁人之所以务白也。

故国者，重任也，不以积持之则不立。故国者，世所以新者也，是惮③；惮，非变也，改玉改行也。故一朝之日也，一日之人也，然而厌焉有千岁之国，何也？曰：援夫千岁之信法以持之也，安与夫千岁之信士为之也。人无百岁之寿，百有千岁之信士，何也？曰：以夫千岁之法自持者，是乃千岁之信士矣。故与积礼义之君子为之，则王；与端诚信全之士为之，则霸；与权谋倾覆之人为之，则亡。三者，明主之所谨择也，而仁人之所务白也。善择之者，制人；不善择之者，人制之。

【注释】

①务：致力。

②戮：耻辱。

③惮（shàn）：通『禅』，更替，是指具有继承性的演变。

【译文】

倡导功利来治理国家，不致力于伸张道义，不讲求信誉，唯利是图，对内则肆无忌惮地欺骗自己的民众来贪求蝇头小利，对外则不惜欺骗盟国来追求大利，在内不好好管理已有的土地财富，却经常去追求别人所拥有的土地财富。像这样，臣下、百姓就没有不用欺骗的心来对待他们的君主的。君主欺骗臣民，臣民欺骗君主，这就是上下离心离德。像这样，那么敌国就会小瞧他，盟国就会怀疑他，权术谋略一天天地盛行，国家就不免危险削弱，发展到了极致，国家就会消亡了，齐闵王、孟尝君便是如此。他们原本掌握着强大的齐国，却不是用权力去修明礼义，不由此而将政治教化作为立国之本，不用来统一天下，而是将不断地勾结别国、四处纵横游说作为自己的追求目标。故而，他们强大的时候，向南可以攻破楚国，向西可以使秦国屈服，向北可以打败燕国，向中可以攻占宋国；可是等到燕国、赵国一块攻打齐国的时候，就像秋风扫落叶一般，齐闵王便身死国亡，受到天下人的进攻。后代的人谈起恶人，就一定会以他们为鉴。这并没有其他的原因，只是由于他们不遵循礼义而遵循权术阴谋啊。

这三种情况，是圣明的君主之所以要认真选择的，也是讲究仁德的人一定要明白的。擅长选择的人统治别人，不擅长选择的人被别人统治。

国家，是天下最大的工具，最沉重的担子，不可不妥当地为它选择治理的大臣之后委任安置好。委任安置错了人国家就危险了；不可不妥当地为它选择治理之道之后引导治理它，要是道路上杂草丛生就会被堵塞；危险、堵塞，国家便会灭亡。那国家的委任安置，并不是为它划分好疆界，而是指采取什么治国之策和同什么人一起来治国。奉行王道的方法，与那奉行王道的大臣一起治理国家，也就能称王于天下；奉行霸道的方法，与那奉行霸道的大臣一起治理国家，也就能称霸于诸侯；奉行使国家灭亡的方法，与那奉行亡国之道的大臣一起治理国家，也就会亡国。上述三种情况，英明的君主是会认真地选择的，也是仁人所一定弄清楚的。

故而国家是最沉重的任务，要是不用长期积累的正确的办法来治理它，就不能巩固。国家是用来更新世代的工具，这种更新是坦然稳定的，不是制度的更改，只是君臣上下地位的改变。今日的事不同明天，今日的人不保明日，但是为什么会有安然存在千年之久的国家呢？答说：沿用了千年的礼法来管理国家，并且是把国家交与信守礼法千年的人来管理。人没有百年的寿命，为何有信守礼法千年的呢？回答说：用千年的礼法来管束自己的人，就是信守礼法千年的人。故而，把国家交给长久遵循礼义的人管理，就称王天下；把国家交给德行端正、忠诚信实的人治理，就称霸天下；把国家交与搞权术阴谋颠覆活动的人管理就灭亡。这三种情况，是英明的君主之所以要谨慎地抉择的，是仁人之所以一定明白的。善于抉择的统治别人，不善于抉择的被别人统治。

彼持国者，必不可以独也；然则强固①荣辱在于取相矣。身能，相能，如是者王；身不能，知恐惧而求能者，如是者强；身不能，不知恐惧而求能者，安唯便僻左右亲比己者之用，如是者危削，綦之而亡。国者，巨用之则大，小用之则小；綦大而王，綦小而亡，小巨分流者存。巨用之者，先义而后利，安不恤亲疏，不恤贵贱，唯诚能之求，夫是之谓巨用之。小用之者，先利而后义，安不恤是非，不治曲直，唯便僻亲比己者之用，夫是之谓小用之。巨用之者若彼，小用之者若此；小巨分流者，亦一若彼，一若此也。故曰：『粹而王，驳而霸，无一焉而亡。』此之谓也。

国无礼则不正。礼之所以正国也，譬之犹衡之于轻重也，犹绳墨之于曲直也，犹规矩之于方圆也，既错之而人莫之能诬也。《诗》云：『如霜雪之将将②，如日月之光明，为之则存，不为则亡。』此之谓也。

国危则无乐君，国安则无忧民。乱则国危，治则国安。今君人者，急逐乐而缓治国，岂不过甚矣哉？譬之，是由好声色而恬无耳目也，岂不哀哉？夫人之情，目欲綦色，耳欲綦声，口欲綦味，鼻欲綦臭，心欲綦佚。此五綦者，人情之所必不免也。养五綦者有具，无其具，则五綦者不可得而致也。万乘之国可谓广大富厚矣，加有治辨强固之道焉，若是，则恬愉无患难矣，然后养五綦之具具也。故百乐者，生于治国者也；忧患者，生于乱国者也。急逐乐而缓治国者，非知乐者也。故明君者，必将先治其国，然后百乐得其中。暗君者，必将急逐乐而缓治国，故忧患不可胜校也，必至于身死国亡然后止也，岂不哀哉？将以为乐，乃得忧焉；将以为安，乃得危焉；将以为福，乃得死亡焉；岂不哀哉？於乎！君人者，亦可以察若言矣！

【注释】

①固：通『監』(gù)，不坚实，脆弱。

②将将：形容霜雪覆盖大地的样子。

【译文】

那些掌管了国家的国君，一定不能够单靠自己；如此看来，那么是强大还是衰弱、是光荣还是耻辱就在于选择宰相了。自己有才能，宰相也有才能，像如此的国君就能称王天下。自己没有才能，但晓得恐惧而去寻觅有才能的人，像如此的国君就能强大。自己没有才能，又不晓得恐惧而去寻求有才能的人，仅仅任用些善于阿谀奉承的宠臣、身边的侍从还有亲近依附自己的人，像如此的国君就会危险削弱，到达极点就会灭亡。国家，大治它就会强大，小治它就会弱小；十分强大就能称王天下，十分弱小就会灭亡，小大各占一半的则能保存。所说的大治国家，就是先考虑道义而后考虑财利，任用人不顾亲疏，不顾贵贱，只寻找真正有才能的人，这就称为大治国家。所说的小治国家，便是先考虑财利而后考虑道义，不顾是非，不管曲直，不过任用擅长阿谀奉承的宠臣和亲近依附自己的人，这就称为小治国家。大治国家就像那样，小治国家就像这样；所说的小大各占一半的，也就是一部分像那样、一部分像这样。故而说：『纯粹地考虑道义、任用贤人的就能称王天下，驳杂地义利兼顾、贤人亲信并用的就能称霸诸侯，一点也做不到的便会灭亡。』此话说的便是此种道理。

国家不遵行礼义就管理不好。礼义之所以可以治理好国家，举个例子，就如同用秤来分辨轻重，就如同用墨线来确定曲直，就如同用圆规曲尺来画定方圆，既然已经把它们摆在那儿，人们就没有再能进行欺骗的了。《诗经·大雅·绵》中说：『就像霜雪的肃杀无情，就像日月的光辉明亮；遵守它（礼制）就能存在，不遵守它将会灭亡。』说的就是这个道理。

国家危险就没有欢乐的国君，国家安定就没有愁苦的民众。政事混乱国家就可危，政事理顺国家就稳定。今日统治人民的君主，急着追求享乐而放松了管理国家，难道不是错误十分严重吗？举个例子，就如同喜欢音乐美色而不在乎没有耳朵眼睛一样，难道不可悲吗？从人的常情来讲，眼睛想看最美丽的颜色，耳朵想听最优美的声音，嘴巴想吃最美味的佳肴，鼻子想闻最美好的气味，心里想获得最大的安逸。这五种最好的享用，是人的常情所不可避免的。但造成这五种最好的享用要有条件，没有必要的条件，那么这五种最好的享用就不可能获得了。拥有万辆兵车的国家，能够称得上是辽阔富裕的了，更有使它获得管理而强大的办法，要是如此，那就平安愉快而没有祸患灾难了，尔后造成五种最好的享用的条件就具备了。故而，各种快乐产生于政事治理的国家，各种忧患产生于政事混乱的国家。急着追求享乐而放松了管理国家的人，不是晓得享乐的人。所以，英明的君主，必定是先治理国家，尔后各种快乐便从中获得了。而昏聩的君主，必定是急于追求享乐而放松了管理国家，所以忧虑祸患多得不可胜数，必定是发展到身死国亡而后才结束，难道不可悲吗？准备用这种方法去求得快乐，却获得了忧虑；准备用这种方法去求得安定，却获得了危险；准备用这种方法去求得幸福，却获得了死亡；难道不可悲吗？呜呼！统治人民的君主，也能够考察一番这些话了！

故治国有道，人主有职。若夫贯日而治详，一日而曲列之，是所使夫百吏官人为也，不足以是伤游玩安燕①之乐。若夫论一相以兼率之，使臣下百吏莫不宿道乡方而务，是夫人主之职也。若是，则一天下，名配尧、禹。之主者，守至约而详，事至佚而功。垂衣裳，不下簟席之上，而海内之人莫不愿得以为帝王。夫是之谓至约，乐莫大焉。

人主者，以官人为能者也；匹夫者，以自能为能者也。人主得使人为之，匹夫则无所移之。百亩一守，事业穷，无所移之也。今以一人兼听天下，日有余而治不足者，使人为之也。大有天下，小有一国，必自为之然后可，则劳苦耗顇②莫甚焉。如是，则虽臧获不肯与天子易势业。以是县天下，一四海，何故必自为之？为之者，役夫之道也，墨子之说也。论德使能而官施之者，圣王之道也，儒之所谨守也。传曰：『农分田而耕，贾分货而贩，百工分事而劝，士大夫分职而听，建国诸侯之君分土而守，三公总方而议，则天子共己而已。』出若入若，天下莫不平均，莫不治辨，是百王之所同也，而礼法之大分也。

百里之地可以取天下，是不虚，其难者在人主之知之也。取天下者，非负其土地而从之之谓也，道足以一人而已矣。彼其人苟一，则其土地且奚③去我而适它？故百里之地，其等位爵服，足以容天下之贤士矣；其官职事业，足以容天下之能士矣；循其旧法，择其善者而明用之，足以顺服好利之人矣。贤士一焉，能士官焉，好利之人服焉，三者具而天下尽，无有是其外矣。故百里之地，足以竭势矣；致忠信，著仁义，足以竭人矣。两者合而天下取，诸侯后同者先危。《诗》曰："自西自东，自南自北，无思不服。"一人之谓也。

【注释】

①燕：通"宴"，安逸闲适。

②耗顇：疲惫憔悴。顇，同"瘁"。

③奚：怎么。

【译文】

故而治理国家有必定的准则，君主有必定的职责。至于那连续几天而把事情管理得周详完备，一天之内就曲折周到地解决政事，这是让各级官吏与政府官员去做的事情，不值得因这个而妨害了自己游玩安逸的快乐。至于抉择一个宰相去全面地领导群臣百官，使臣下百官无不安守道义向往正道而努力，这才是君主的责任啊！像如此，就能统一天下，名望能够和尧、禹相匹配。如此的君主，掌管的事情即使极其简要却又十分周详，工作即使极其闲适却很有成效，衣裳下垂着，不从坐席之上走下来，而天下的人无不想要让他做帝王。这称为极其简约，天下没有比这个更愉快的了。

君主，以善于用人为有本领；平民百姓，以自己能干为有本领。君主能够指使别人去做事，平民百姓却不能把自己的事情推托给别人。一百亩土地由一个农夫来治理，耕种的事情耗尽了他一生的力量也经营不好，这是由于他没有足够的能力而又无法把这些事情推给别人。如今君主凭一个人的力量来管理整个天下，反倒时间绰绰有余，君主自己亲自做的事情不多，这是由于让别人去做事的原因。权力大的当了天子而拥有了整个天下，权力小的当了诸侯而治理了一个国家，要是全部的事情必定要自己亲自去做才行的话，那么辛劳艰苦耗损憔悴就没有比这个更厉害的了。要是如此，那么就算是奴婢也不肯和天子交换地位与职责了。因此看来，君主在上面掌握天下，统一天下，为什么必定要自己去做所有的事情呢？自己去做各种事情，是服役的人所遵行的准则，是墨子的主张。挟择有道德的人、使用有能力的人而把官职委任给他们，这是圣明帝王的方法，是儒家所谨慎遵守的准则。古书上说：『农民分得田地去耕种，商人分取货物去贩卖，各种工匠分配必定的工作去用力，士大夫分任必定的职务去处理政事，诸侯国的国君分封必定的领土去守卫，三公统管各个方面来商量，那么天子只要让自己拱着手就是了。』朝廷外面这样、朝廷内部这样，天下就没有人不协调一致，就没有什么不管理得很好的，这是历代圣王的共同之处，也是礼制法令的要领所在。

依靠方圆百里的土地能够获得天下，这不是虚构的，它的难点在于君主晓得依靠方圆百里的土地能够取得天下的道理。所说的取得天下，并不是指别的国家都背负他们的土地来跟从我，而是君主的治国之道完全可以统一天下人心而已。要是别国的人被统一了，那他们的土地如何会离开我们而到别的国家去呢？所以方圆百里的土地，那儿官吏的等级爵位，能够容纳天下的贤德之人；那儿官吏的职位事业，能够容纳天下有才能的人；遵循旧的法令，抉择其中好的明令公布实施，能够使贪图财利的人顺服了。贤德的人都同我团结一心，有能力的人都被任用当官了，贪图财利的人都顺服了，这三者都具备了，天下的人才便都归我所用，再也没有在此之外的了。故而，依靠方圆百里的土地，能够取尽天下的权势了；做到忠诚守信，彰明仁义，就能够招致所有的人才了。这两者合起来，那天下就获得了，诸侯中后归附的先会灭亡。《诗经·大雅·文王有声》中说：『从西到东，从南到北，没有一个不顺从的。』便是说的使天下人同我团结一心的道理。

羿、蠭门者，善服①射者也。王良、造父者，善服驭者也。聪明君子者，善服人者也。人服而势从之，人不服而势去之，故王者已于服人矣。故人主欲善射，射远中微，则莫若羿、蠭门矣。欲得善驭，及速致远，则莫若王良、造父矣。欲得调壹天下，制秦楚，则莫若聪明君子矣。其用知甚简，其为事不劳，而功名致大，甚易处而綦可乐也。故明君以为宝，而愚者以为难。

夫贵为天子，富有天下，名为圣王，兼制人，人莫得而制也，是人情之所同欲也，而王者兼而有是者也。重色而衣之，重味而食之，重财物而制之，合天下而君之；饮食甚厚，声乐甚大，台谢甚高，园囿甚广，臣使诸侯，一天下，是又人情之所同欲也，而天子之礼制如是者也。

制度以陈，政令以挟②；官人失要则死，公侯失礼则幽，四方之国有侈离之德则必灭；名声若日月，功绩如天地，天下之人应之如景向，是又人情之所同欲也，而王者兼而有是者也。

故人之情，口好味，而臭味莫美焉；耳好声，而声乐莫大焉；目好色，而文章致繁、妇女莫众焉；形体好佚，而安重闲静莫愉焉；心好利，而谷禄莫厚焉；合天下之所同愿兼而有之，皋牢天下而制之若制子孙，人苟不狂惑戆陋者，其谁能睹是而不乐也哉！欲是之主并肩而存能建是之士不世绝，千岁而不合，何也？

曰：人主不公，人臣不忠也。人主则外贤而偏举，人臣则争职而妒贤，是其所以不合之故也。人主胡不广焉，无恤亲疏、无偏贵贱，唯诚能之求？若是，则人臣轻职业让贤，而安随其后；如是，则舜、禹还至，王业还起。功一天下，名配舜、禹，物由有可乐如是其美焉者乎？呜呼！君人者亦可以察若言矣！杨朱哭衢涂曰：『此夫过举跬步而觉跌[3]千里者夫！』哀哭之。此亦荣辱、安危、存亡之衢已，此其为可哀，甚于衢涂。呜呼哀哉！君人者千岁而不觉也。

【注释】

①服：从事。

②挟：通『浃』，周恰，完备。

③跌：失误，走错。

【译文】

羿和逢蒙，擅长折服射箭的人；王良和造父，擅长折服驾车的人；聪明的君子，擅长使所有的人佩服自己。人们都敬佩并服从君子，君子也就征服并获得了权力；要是人们不敬佩并服从他，他也就不再有权力了。故而，称王天下的君主在达到使人敬佩服从的目标之后，也就不用再要求别的什么了。君主想要获得善于射箭的人，射得既远又准，没有比羿和逢蒙更好的了；想要获得善于驾车的人，驾上车子跑得既快又远，没有比王良、造父更好的人；想要获得管理并统一天下的人，制服秦、楚两国，没有比聪明的君子更好的人选了。聪明的君子运用心计十分少，他们做事不用自己费力气而功绩声誉却很大，十分容易相处且会给人带来巨大的快乐。故而，英明的君主把他们当作宝贝，而愚蠢的君主却把他们当作是灾难。

高贵的当上天子，富足的拥有天下，被称为圣王，全面掌握所有的人，而别人没有谁能掌握他，这是人们心中所共同追求的，而称王天下的君主则完全获得了这一切。穿五颜六色的衣服，吃品种繁多的食物，掌握多种多样的财物，兼并了天下而统治它；饮食十分丰富，声乐十分洪亮，台阁十分高大，园林兽苑十分宽广，把诸侯当作臣子来使唤，统一天下，这又是人们心中所一起追求的，而天子的礼俗法令就像这个样子。

制度已经公布，政令已经完备；群臣百官违反了政令的规定就处死，公爵、侯爵违反了礼制就囚禁，四方的诸侯国要是离心离德就必定加以消灭；声誉像日月一般显赫，功绩像天地一般伟大，普天下的人响应他就像影子紧随形体、回响紧随声音一样，这又是人们心中所一起追求的，而称王天下的君主则完全获得了这一切。

故而人的性情是：嘴巴欢喜吃美味的食物，而气味滋味没有比王者吃到的更好的了；耳朵欢喜听悦耳的声音，而歌声乐曲没有比王者听到的更洪亮的了；眼睛欢喜看美色，而极其繁复的彩色花纹和少妇美女没有比王者看到的更多的了；身体欢喜安逸，而安稳清闲没有比王者享受到的更愉快的了；心里欢喜财利，而俸禄没有比王者获得的更丰厚的了。综合了天下人所共同企求的东西而完全地获得了它们，总揽天下之人而控制他们就像掌握子孙一样，人要是不是发疯的、糊涂的、愚蠢的、鄙陋无知的，还有谁能看见这些而不高兴呢？想要得到这一切的君主多得摩肩接踵地存在着，可以建立起这种事业的贤人世世代代都没有断绝过，但近千年来如此的君主和这样的贤人却没有可以配合起来，这是为何呢？

答曰：是由于君主用人不公正，臣下对上不忠诚。君主排斥贤能的人而偏袒地提拔人，臣子夺取职位而嫉妒贤能的人，这便是他们不能配合的原因。君主为什么不广招人才、不去顾及亲疏、不去担心贵贱、只寻求真正贤能的人呢？要是能如此，那么臣子就会看轻职位而把它让给贤能的人，并甘心随着在他们的后面；要是如此，那么舜、禹会重新到来，称王天下的大业又能建立起来了。获得统一天下的功绩，名声能够和舜、禹相配，还有如此美好而值得高兴的事情吗？唉！统治人民的君主也能够考察一下这些话了！杨朱在十字路口哭泣，说：『这是那错误地跨出一步而觉察时就已走错千里的地方吧！』他因此而悲哀地哭泣。用人之事也就是通往光荣或耻辱、安定或为难、生存或灭亡的十字路口啊，在这上面犯了错误所制造的可悲，要比在十字路口走错路更厉害。唉！可悲啊！统治人的君主居然上千年了还没有觉悟啊！

无国而不有治法，无国而不有乱法；无国而不有贤士，无国而不有罢士；无国而不有愿民，无国而不有悍民；无国而不有美俗，无国而不有恶俗。两者并行而国在，上偏而国安，下偏而国危；上一而王，下一而亡。故其法治，其佐贤，其民愿，其俗美，而四者齐，夫是之谓上一。如是，则不战而胜，不攻而得，甲兵不劳而天下服。故汤以亳，武王以镐，皆百里之地也，天下为一，诸侯为臣，通达之属，莫不从服，无它故焉，四者齐也。桀、纣即厚于有天下之势，索为匹夫而不可得也，是无它故焉，四者并亡也。故百王之法不同若是，所归者一也。

上莫不致爱其下，而制①之以礼。上之于下，如保赤子。政令制度，所以接下之人百姓有不理者如豪末，则虽孤独鳏寡必不加焉。故下之亲上欢如父母，可杀而不可使不顺。君臣上下，贵贱长幼，至于庶人，莫不以是为隆正②。然后皆内自省以谨于分，是百王之所以同也，而礼法之枢要也。然后农分田而耕，贾分货而贩，百工分事而劝，士大夫分职而听，建国诸侯之君分土而守，三公总方而议，则天子共己而止矣。出若入若，天下莫不平均，莫不治辨，是百王之所同，而礼法之大分也。

【注释】

①制：统制。

②隆正：最高的标准。

【译文】

没有哪一个国家没有好的法律制度，没有哪一个国家没有坏的法律制度；没有哪一个国家没有才士，没有哪一个国家没有笨蛋；没有哪一个国家没有唯唯听命的民众，没有哪一个国家没有凶狠强暴的刁民；没有哪一个国家没有美好的风俗，没有哪一个国家没有恶劣的风俗。上面这两种情况一起存在的，国家仍存在；偏于上一种情形的，国家就稳定；偏于下一种情况的，国家就可危；全属于上一种情况的，就能称王天下；全属于下一种情形的就会灭亡。故而，要是国家的法律制度能使社会安定，它的辅佐大臣贤能，它的百姓朴实善良，它的习俗习惯好，这四种条件齐备，那就能够称之为上一种情形。谁要是处在上一种情况之下，那么它的国家就能够不战而胜，不攻而破，不用兴师动众就天下顺从了。商汤凭借亳，周武王凭着鄗，都不过是方圆百里的领土，而天下却被他们统一了，各诸侯国都做了他们的臣属，凡道路所通之处，没有不顺从的。这其实没有什么其他的缘故，就是由于上述四种条件他们都具备了。夏桀、商纣王即使实力雄厚得控制了统治天下的权力，但最后希望做个普通老百姓也办不到了，这没有其他的原因，就是由于上述四种条件全都丧失去了。故而，历代君主的治国方法即使各有不同，但归结起来的道理还是相同的。

君主没有不尽力爱惜自己的民众的，所以用礼制来管理他们；君主对于民众，就像爱惜初生的婴儿一样。法令制度，是用来对待下面民众的；要是它有丝毫不合理的地方，那么就算是对鳏寡孤独，也一定不会加在他们的头上。故而民众亲近君主就像欢喜自己的父母一般，宁愿被杀死也不能使他们不服从君主。君主、臣子、上级、下级，高贵的、卑贱的、年长的、年幼的，直到普通民众，没有谁不把礼法当成是最高标准的，之后又都从内心深处检查自己而谨慎地守着自己的本分，这是历代圣王一样的政治措施，也是礼法法度的关键。这些做到之后，农民分田耕种，商人分货贩卖，各种工匠分行业勤勉地工作，士大夫分职务去办理政事，诸侯国的国君分疆土去守卫，三公归总全国的大政方针加以商量，那么天子只须让自己拱着手就行了。朝廷内外都这样处置，天下就没有不平均的，就没有得不到管理的，这是历代圣王所一样的政治原则，也是礼法法度的总纲。

若夫贯日而治平，权物而称用，使衣服有制，宫室有度，人徒有数，丧祭械用皆有等宜，以是用挟①于万物，尺寸寻丈，莫得不循乎制度数量然后行，则是官人使吏之事也，不足数于大君子之前。故君人者，立隆政本朝而当，所使要百事者诚仁人也，则身佚而国治，功大而名美，上可以王，下可以霸；立隆正本朝而不当，所使要百事者非仁人也，则身劳而国乱，功废而名辱，社稷必危。是人君者之枢机也。故能当一人而天下取，失当一人而社稷危。不能当一人而能当千人百人者，说无之有也。既能当一人，则身有何劳而为？垂衣裳而天下定。

故汤用伊尹，文王用吕尚，武王用召公，成王用周公旦。卑者五伯，齐桓公闺门之内，县乐、奢泰、游抏之修，于天下不见谓修，然九合诸侯，一匡天下，为五伯长。是亦无它故焉，知一政于管仲也。是君人者之要守也。知者易为之兴力而功名綦大。舍是而孰足为也？故古之人有大功名者，必道是者也；丧其国、危其身者，必反是者也。故孔子曰：『知者之知，固以多矣，有以守少，能无察乎？愚者之知，固以少矣，有以守多，能无狂乎？』此之谓也。

治国者分已定，则主相臣下百吏各谨其所闻，不务听其所不闻；各谨其所见，不务视其所不见。所闻所见，诚以齐矣，则虽幽闲隐辟，百姓莫敢不敬分安制以化[2]其上，是治国之征也。

主道治近不治远，治明不治幽，治一不治二。主能治近，则远者理；主能治明，则幽者化；主能当一，则百事正。夫兼听天下，日有余而治不足者如此也，是治之极也。既能治近，又务治远；既能治明，又务见幽；既能当一，又务正百，是过者也。过犹不及也，辟之，是犹立直木而求其景之枉也。不能治近，又务治远；不能察明，又务见幽；不能当一，又务正百，是悖者也，辟之，是犹立枉木而求其景之直也。故明主好要，而暗主好详。主好要，则百事详；主好详，则百事荒。君者，论一相、陈一法、明一指，以兼覆之、兼焰之，以观其盛[3]者也。相者，论列百官之长，要百事之听，以饰朝廷臣下百吏之分，度其功劳，论其庆赏，岁终奉其成功以效于君，当则可，不当则废。故君人劳于索之，而休于使之。

【注释】

①抶：通『泱』，贯通，周详。

②化：服从，顺从。

③盛：通『成』，成功。

【译文】

对于连续几天详尽地办理各种政事，认真地权衡并且恰当地调节万物和人来使他们适用，使各级官吏穿的衣服有必定的规格，住的房子有必定的标准，役使的仆从有必定的编制，丧葬祭祀器械用具都有和等级相适应的规定，把这种做法贯彻到各种事情中去，就像尺寸寻丈之类的准则，无一不是遵循了法度然后才加以施行，这些全是政府官员和供役使的官吏所做的事，不值得在伟大的君主面前述说。故而，统治人民的君主，要是为本朝所确立的最高标准完全得当，所任用的管理各种事务的人是真正有仁德的人，那么他就会自身安逸而国家稳定，功绩伟大而声誉美好，上等的能够称王天下，下等的也能够称霸诸侯；要是为本朝所确立的最高标准不得当，所任用的总管各种事务的人不是具有仁德的人，那么他就会自身劳累而国家混乱，前功尽弃而声名狼藉，国家必定会危险。故而说，任用人是当君主的根本啊。

能合适地任用一个人，那么天下就能获得；不能适当地任用一个人，那么国家就会可危。不能恰当地任用一个人而能合适地任用一千个人、一百个人，在理论上是没有这种事情的。要是能恰当地任用一个人，那么他本身又有什么劳累的事要做呢？只须穿着长袍无所事事地无为而治而天下就能太平了。

故而商汤任命了伊尹，周文王任命了吕尚，周武王任命了召公，周成王任命了周公旦。功德低一点的是五霸，齐桓公在宫门之内悬挂乐器、奢侈放纵、游荡玩耍，但百姓并没有把他说成是讲求享乐；相反，他还多次会合诸侯，使天下归于一致而恢复了正道，成为五霸中的第一个，这也没有其他的原因，而是由于他懂得把政事全都交给管仲，这便是当君主的重要原则啊！明智的君主容易做到这一点，故而能形成强大的实力而功业名望极大，除了这个还有什么值得去做呢？故而古代的人，但凡有伟大的功业名望的，必定是遵循了这一点；但凡丧失了自己的国家，危害到他本人的，必定是违反了这一点。故而孔子说：『智者的知识，本来已经很多了，又由于管的事很少，能不明察吗？蠢人的知识，本来已经很少了，又由于管的事很多，能不惑乱吗？』说的便是这个道理。

管理得好的国家，等级名分已经确定，那么君主、宰相、大臣、百官各自遵守应该听到的事情，不打听自己职责之外的事情；各自遵守应该看到的事情，不察看自己不应该的事情。所见所闻，若是真正同各自的名分一样了，那么就算是十分幽远闭塞隐蔽的地方，民众中也无人敢于不严守本分、安于法令、用礼义服从自己的君主，这是管理得好的国家的标志。

君主管理国家的办法：管理身边的事而不去治理远方的事，管理明显的事而不去治理不明显的事，管理主要的事而不去治理各种烦琐的小事。君主可以管理好身边的事，那么远方的事自然就会得到管理；君主可以管理好明显的事，那么不明显的事就会自然随之而变化；君主能恰当地管理好主要的大事，那么各种烦琐的小事就会因这而得到正确的办理。同时办理全天下的事务，而每天的时间还有余暇，需要治理的事少，像这样，便是管理国家的最高境界了。既能管理身边的事，又力求管理远方的事；既能管理明显的事，又力求洞察管理不明显的事；既能恰当地管理好主要的大事，又力求管理好各种烦琐的小事，这是太过分的要求。过分就像达不到一样，就如同是竖起笔直的木头而要求它的影子是弯曲的一样。不可以管理好身边的事，又力求管理好远处的事；不可以明察明显的事，又力求洞察不明显的事；不能恰当地管理好主要的大事，又力求管理好各种烦琐的小事，这是荒谬的做法，这就如同是竖起弯曲的木头而要求它的影子是笔直的一般。故而圣明的君主欢喜抓住要点，而昏庸的君主欢喜周详处理每件小事。君主欢喜抓住要点，最后是一切事情都办得周详；君主欢喜管得周详，最后是一切事情都荒废。君主，只须抉择一个宰相，公布一套法制，明确一个主要的准则，用这种手段来统率一切，洞察一切，并以此来显现自己成绩。宰相，是负责选拔安排各部门的长官，总抓各种事情的管理，整顿规范朝廷大臣和各级官吏的职分等级，考核他们的功劳，论定对他们的奖赏，年终时拿出他们的成绩报送给君主，他们其中称职的就留用，不称职的就罢黜。故而，君主的辛苦在于寻觅贤相，在任用贤相之后就安逸了。